Recruitment and Job Hunting
in the Age of Infectious Diseases

感染症時代の
採用と就職活動

コロナ禍に企業と就活生はどう適応したか

ENATSU Ikutaro
江夏幾多郎 [編著]

千倉書房

まえがき

　本書のタイトルは「感染症時代の」から始まる。「新型コロナウイルス感染症流行下の」,「コロナ時代の」,「コロナ禍の」とせず，より包括的な呼称を用いることについては，様々な意義がある。

　「人新世（Anthropocene，アントロポセン）」という言葉を聞かれた方々も少なくないだろう。人新世とは「人類の時代」，より具体的には，自然に対して人類が大きな影響を及ぼしている時代を意味する。数百年前から見られ出した気温の上昇，温室効果ガスの増加，生態系の破壊は，少なくとも部分的には，人類による天然資源の利用に起因する，自然に対する大きな影響である。

　人類による自然への介入の多くが，自然による「しっぺ返し」を伴う。人間の活動に由来する森林面積の減少や砂漠化が大規模な人口移動を促し，時に文明のあり方を左右してきた。また，近年発生する洪水，旱魃，火事などの「自然災害」の多くが，人為的な地球環境変化に由来するとされる。農業や畜産のための大規模開発は，虫害や獣害の原因となりうる。人類は自然という舞台上で気ままな自己表現を行ってきたが，そのことが舞台の基礎構造を揺るがしている。

　感染症流行も，そうした自然との関わりの現れの1つである。細菌やウイルスが引き起こす感染症の大流行（パンデミック）を「自然災害」と見なすのは，正確ではない。新型コロナウイルスの発生源は野生動物とする説が広く支持されている。もしそれが正しいとしたら，野生動物を人間が都市部に持ち込んだこと，人々の緻密な物理的ネットワーク，国境も越える盛んな都市間移動が，昨今のパンデミックを生み出したのである。高度化した資本主義やグローバリズムのもとで生きる人々は，意図しないままに他者と連携してウイルス大流行の一翼を担ってしまったのだが，今度はそれを鎮静化するために，社会的距離（ソーシャル・ディスタンス）などの手法で再び他者と連携しているのである。「人災」としての感染症流行との戦いは，自分との戦いでもある。

　人類がこれまでの生活や経済，ひいては文明のあり方を自ら否定し，急転回さ

せることはないだろう。自然から人類への「しっぺ返し」もすぐにはなくならないだろう。だとすると，現代を生きる我々にとって，感染症の大流行はもはや「非日常」とは言えなくなる。常態化するとは言い切れないものの，「いつ来てもおかしくないもの」という構えは，個人あるいは社会全体としてとらなければならない。

本書で検討するコロナ禍における採用や就職活動，特に「想定外の事態」に企業の採用担当者や就活生＝学生がどう対応したかを知ることは，今後の「感染症時代」に採用や就職活動を行う際のヒントとなるだろう。少なくとも2つの意味において。

まず，コロナ禍への採用面，就職活動面での対応の中には，多くの工夫があり，その根底には採用担当者や就活生の積極性や即興性，学ぶ姿勢や力がある。将来の採用担当者や就活生が具体的になすべきことはさらに変化するだろうが，2020年の採用担当者や就活生の構えから学ぶべき点は多い。

反面，こちらの方がより重要であろうが，2020年の採用担当者や就活生がコロナ禍を想定外としてしまっていたことについては，将来の採用担当者や就活生は反面教師とすべきだろう。「備えあれば憂いなし」ではないが，社会行動に物理的な制約が生じた時の代替案については日頃から構想し，代替案を遂行する能力を身につけておかねばならない。もちろんこれは，2020年のプレイヤーたちを責めているわけではない。彼ら，さらには編著者も含め，2020年を生きた人々の大半が，「いつ来てもおかしくないもの」をそう認識せずにいたのだから。2020年への反省のうえに，未来は築かれなければならない。

このような時代でもポジティブな希望は全くないわけではない。もしこれからを生きる人々が「感染症時代」という現状認識と，それに根ざした状況適応力を持てるようになるとしたら。もし「感染症時代」の根底にある文明の病巣を治癒できるような生活上，仕事上の価値観や技法を持てるようになるとしたら。こうした希望は，今の時点では夢想の域を出ないが，夢想なくして変化は起こせまい。

本書は，編著者と，編著者が名古屋大学に在職中に開きつづけた人事管理をテーマとしたゼミナールの最後の所属学生（10期生）の一部との共作である。当ゼミナールでは，3年時の産学連携研究プロジェクトなど，それなりの活動を

所属学生に求めてきた。ゼミ活動に伴う負担についての予備情報があるにもかかわらず，10期生はテーマへの深い関心のもと，ゼミナールの門を叩いてくれた。

10期生との2年間のゼミナール活動が開始する直前に，編著者は自らの移籍を彼らに伝えなければならなかった。編著者としては，「名古屋大学の江夏」としてゼミを行うのは数ヶ月にとどまるものの，指導教員としての実質的関与を卒業論文提出まで行うことを，10期生へのコミットメントとした。とはいえ，高い学習意欲を持つ10期生にとって，指導教員によるこの発表は，当惑させると同時に，拍子抜けのものだっただろう。ゼミナール活動や指導教員に対する，不安，不信，不満が彼らから噴出しても不思議ではなかった。

しかし10期生の面々は，産学連携研究プロジェクト，さらには卒業論文執筆に，ゼミナールの諸先輩と同等あるいはそれ以上のエネルギーを投入してくれた。2年目のゼミナールはコロナ禍のために対面での実施が難しくなったが，それでも闊達なコミュニケーションをゼミナール内で行ってくれた。そして，10期生10名のうち7名は，卒業論文提出後も，本書の執筆のために献身的な関与をしてくれた。本書を世に送り出すことに対する筆者の最大の動機は，名古屋大学での最後のゼミナール活動を共に営む10期生との協働そのものにあったというのが正直なところである。

こうした動機が本書のテーマにも直結している。10期生のすべてが当事者として関心が持てる研究テーマが就職活動であり，就職活動のカウンターパートとなる企業が行う採用であった。編著者自身は，人事管理を専攻としつつも，主たる研究関心は人事評価や処遇，人事実務における情報技術の浸透などにあり，採用や就職活動にまつわる研究を行ったことはなかった。10期生のモチベーションに促される形で，採用や就職活動に関して頭を巡らせることとなった。勉強になる，楽しい作業だった。

大学を卒業する間際まで本書の執筆に携わってくれた7名，新井亮介さん，加藤大一さん，薗田竜弥さん，髙岡瞳さん，福安杏梨さん，古田優季さん，渡辺夢芽さんに，心からの感謝と敬意を表したい。彼らに加え，部活動等の個人的事情で執筆活動に参加できなかった，しかし陰に陽に執筆陣を支援してくれた，安藤亮佑さん，佐藤明日人さん，文康新さんにも，深く感謝したい。

本書の執筆においては，まず，編著者が大まかなストーリーラインと，要素ご

とで議論したい点を学生調査メンバーに示した。学生調査メンバーは，ストーリーラインや議論点を修正するアイディアを適宜示しながら，調査や執筆を分担して進めていった。編著者は，学生調査メンバーの調査や執筆の過程に，助言や共同作業という形で伴走的に関わった。こういった経緯を経てつくられた草稿をもとに，最終的には編著者が全体のストーリーラインを意識しつつ，一冊の本としてまとめ上げた。

　本書は，多くの方々の力を得て成立している。10期生によるインタビュー調査に協力していただいた多くの企業，就活生，元就活生。10期生が3年次に参加した産学連携研究プロジェクト（Japan HR Challenge）への協力企業，参加大学の学生と指導教員，事務局。名古屋大学経済学部江夏ゼミナールの1〜9期生。本書の趣旨に共感していただき，出版までの短い期間をリードしていただいた岩澤孝さん（千倉書房）。筆者に先んじて『感染症時代の経営学』を千倉書房から刊行し，筆者に「出版」というゼミナール活動の目標を啓示していただいた中川功一先生（一般社団法人やさしいビジネスラボ 代表理事。元・大阪大学）。

　亜希子，環，幸は，「ステイ・ホーム」で従来よりも自宅書斎に篭りっきりになってしまった編著者を，遠目から優しく見守ってくれた。彼女たちが筆者を実世界にとどめてくれていることの有り難さを形容する言葉は見当たらない。

　本書は，神戸大学社会システムイノベーションセンターによる研究助成の成果である。助成期間を過ぎてからの出版となったが，深謝申し上げたい。

　2021年3月

江夏幾多郎

目　次

第 1 章　コロナ禍での採用と就職活動[1]

1. ショックの概要

　2019年12月に初めて確認された新型コロナウイルス（SARS-CoV-2）による感染症（COVID-19），いわゆるコロナ禍[2]は，瞬く間に日本を含め世界中に拡散し，本書執筆終了時点（2021年3月）においても感染の収束／終息の見通しは立っていない。多くの人々にとって，コロナ禍は実際に病床に伏せる苦しみとして経験されるわけではない。それはむしろ，病床に伏せないための様々な生活上・仕事上の対応に対する当惑や疲労感，病床に伏せるかもしれないという不安感や恐怖心，さらには行政や大衆も含めた自らの周囲への不満や怒りとして経験される。「痛勤」をせずに済むようになった。ビデオ会議の使いやすさに気づいた。おしゃれなマスクを購入した。こうした喜びは，コロナ禍を生き抜くためのささやかな抵抗，心理的な中和にすぎない。

　今を生きるあらゆる人々が，新たな現実を前に無数の試行錯誤を行ってきた。その当事者には，企業の採用担当者，そして企業に就職しようとする学生，すなわち就活生[3]も含まれる。彼らはある時期，採用あるいは就職活動という名のもとに出会い，その後の数年あるいはそれ以上の期間を共に過ごす相手を探す。あるいは，共に過ごしたい相手に対して自分がそれに値する存在であることをアピールする。日本においては，採用／就職活動がある時期に集中して行われる慣習がある。この慣習は「新卒一括採用」と呼ばれるが，それはあくまで企業側から見た用語である。就活生側から見た適切な用語は実は存在しないが，それは「卒業即就職」とでも呼べるかもしれない。

　この出会いは日本の100年以上の近現代の歴史の中で確立され，良くも悪くも儀礼性やイベント性を帯びてきた。採用の時期になるや，各企業の採用担当者は慌ただしく全国の大学やイベント会場に足を運び，自社の魅力をアピールするためのお決まりの弁舌を振るい出す。また，多くの学生が，就職活動に入るや，リクルートスーツに身を包んであちこちを移動し，「自己分析」の成果を披露するようになる。経済団体や行政が定めた採用／就職活動の時期に合わせて，日本の風景に変化が生じる。この例に当てはまらない行動を取る企業や学生も存在する

が，それがスタンダードと認識されることはない。採用や就職活動のあり方は，年々少しずつ変化してきたが，その基調は変わらず，「これまで」を基準に「これから」を構想，実施していれば事足りることが多かった。「21卒(4)」の採用・就職活動も，当初はそのようなものと思われていた。

　大半の日本人にとって当初は「隣国の出来事」にすぎなかった未知の感染症流行は，豪華クルーズ客船「ダイヤモンド・プリンセス」の横浜港での長期停泊の前後から，恐るべきコロナ「禍＝災い」となった。その影響は，企業の採用，21卒の就職活動に雷のような衝撃を与えた。企業も就活生も移動がままならなくなり，企業側の採用に伴う活動の一時停止や計画の見直しが生じた。企業対応の成り行きを見守るより他ない就活生の活動も，その多くが一時停止や計画の見直しを余儀なくされた。

　採用と就職活動の変化について，大まかな動向から確認しよう。企業の採用予定人数に関してマイナビが行う種々の調査によると，まず，2019年9月の時点では，回答企業の約16.4％が，20卒と比べて21卒採用を「大幅に増やす」あるいは「多少増やす」とし，「多少減らす」，「大幅に減らす」とした9.4％を上回っていた（マイナビ，2019）。それがコロナ禍の渦中の2020年6月になると，21卒の採用予定数を20卒と比べて「減らした」のが20.6％，「増やした」のが10.5％という結果になった（マイナビ，2020d）。大半の企業が「20卒並み」というコロナ禍前の見通しを維持しつつも，実際に減らした企業の比率がもともと減らす予定だった企業の比率を10％以上，上回っていた。そして，2020年9月の時点では，回答企業の約13.1％が22卒の採用予定数を21卒と比べて減らすとし，増やすとした9.0％を上回っていた（マイナビ，2020g）。コロナ禍の影響は長期化しつつある。

　採用スケジュールに関して，2020年3月に政府から経済界に対し，柔軟な採用のためにエントリーシートの提出期限の延長や通年採用の拡大についての要請があった。日本経済団体連合会（日本経団連）が2020年6月に実施した調査によると，採用の終了時期について約5割の企業が，当初の採用スケジュールから「やや遅れた」または「大幅に遅れた」と回答した（日本経済団体連合会，2020）。マイナビ（2020g）によると，採用が長期化した企業は36.1％にのぼった。この数は，短期化した企業（16.5％），前年度調査において長期化した企業（23.5％）

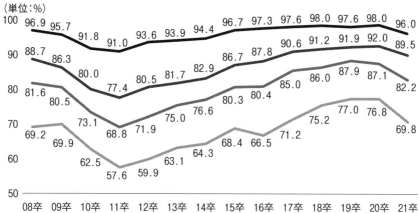

表1-1　大卒者の就職内定状況

(単位：%)

	08卒	09卒	10卒	11卒	12卒	13卒	14卒	15卒	16卒	17卒	18卒	19卒	20卒	21卒
4月1日現在	96.9	95.7	91.8	91.0	93.6	93.9	94.4	96.7	97.3	97.6	98.0	97.6	98.0	96.0
2月1日現在	88.7	86.3	80.0	77.4	80.5	81.7	82.9	86.7	87.8	90.6	91.2	91.9	92.0	89.5
12月1日現在	81.6	80.5	73.1	68.8	71.9	75.0	76.6	80.3	80.4	85.0	86.0	87.9	87.1	82.2
10月1日現在	69.2	69.9	62.5	57.6	59.9	63.1	64.3	68.4	66.5	71.2	75.2	77.0	76.8	69.8

── 4月1日現在　── 2月1日現在　── 12月1日現在　── 10月1日現在

を上回る。採用の中断や長期化が多い反面，インパクトのある報道がなされた採用取りやめについては，業界による偏りが推測されるものの，全体としてはほとんど見られなかった[5]。

　採用は長期化したとともに，冷え込んだのだろうか。少なくない企業が採用予定数を減らしたものの，学生の就職状況が根本的に悪化しているとは限らない。例年，企業による内定充足率は80％台を推移している。企業側の人手不足は慢性化しており，学生にとっての「受け皿」がコロナ禍によってなくなったとは言い難い（マイナビ，2020d）。少なくとも労働市場全体で見た場合，採用は長期化しつつも，冷え込んではいない。

　採用の長期化は，就職活動の長期化を伴う。文部科学省と厚生労働省が毎年行っている就職内定状況に関する調査によると，確かに21卒の内定獲得状況は，20卒と比べると悪い。しかし，ここ数年の「超売り手市場」より前の時点と比べると，むしろ状況は好ましい。また，2020年10月，12月，2021年2月，4月と時を重ねるごとに，内定率が20卒や19卒の水準と近似してきている。就職活動についても，長期化はしているものの，大きく冷え込んでいるとは言い切れない[6]（表1-1）。

2．企業によるコロナ禍への対応

◉──── 2−1　説明会

　大手就活支援事業者であるリクルートキャリアとマイナビは，2020年3月から5月にかけて開催予定だった合同企業説明会を，コロナ禍を理由に中止した。前者のイベントは1回当たり約600社の企業と学生2万人，後者は累計で1万4,000社の企業と学生21万人の参加が見込まれており，この事態は就活生のみならず企業にも大きな影響を及ぼした。しばらく後，両社はオンラインでの合同企業説明会を開催した。両社が運営する就活サイトのうち，「リクナビ」はチャット機能を使ってリアルタイムで学生が企業に質問できる機能を搭載し，「マイナビ」はスマートフォンから参加できるオンラインセミナーを拡充した。

　各企業もこれに続き，個別企業説明会を対面開催からオンライン開催に変更した。例えば三井住友海上が開催した説明会は，従来の定員は250名であったが，オンライン化により1,000名に拡充させた。オンライン説明会開催に当たり，同社は学生の匿名チャットを導入した[7]。また，北海道ガスは，対面での説明会に代わりビデオ配信を導入した。社員の年代や業務内容ごとに8テーマを用意し，動画サイト YouTube による限定公開の形式で1時間程度の動画を40本近く公開した[8]。

　説明会のオンライン化は，すべての企業に恩恵をもたらすわけではない。従来，対面での合同企業説明会に参加する就活生は，当初訪問を検討していなかった企業と「偶然の出会い」を果たすこともあった。説明会のオンライン化により，企業はこうした就活生との偶然の出会いの機会を大いに減らした。特にB2B企業や中堅中小企業など，就活生からの認知が弱い企業にとっては，「母集団形成」が楽でないことには変わりがなかった。

◉──── 2-2　選考

　日本経団連が行った調査によると，回答企業の９割超がオンライン面接を実施した。また，最終面接を含めてすべての面接選考においてオンライン面接を実施した企業が６割を超えていた。回答企業の７割強が従業員1,000名以上であり，大企業ではオンライン面接が普及したと言える（日本経済団体連合会，2020）。

　ただし，大企業であっても，オンライン面接の全面的導入を見送る企業も少なくない。例えば三井物産は，初期面接をオンラインで，最終面接は対面で実施した。オンライン面接では確信を持った判断が行えない，というのがその理由である。対面面接を導入するに当たり，消毒液の利用やマスク着用，アクリル板の設置などの感染対策が講じられた[9]。

　企業によるオンライン対応の違いの多くが，企業規模によって説明できる。マイナビ（2020d）によると，最終面接にビデオ会議ツールを全く導入しなかった企業の割合は，従業員数が1,000人以上の企業で46.2％，300〜999人の企業で66.9％，300人未満の企業で78.6％であった。一次面接にビデオ会議ツールを全く導入しなかった企業割合はこれらより低下するが，大規模企業ほど未導入割合が低くなることに変わりがない。

3．就活生によるコロナ禍への対応

◉──── 3-1　説明会

　21卒の就職活動状況について調べたマイナビ（2020e）によると，2020年３月時点でのオンラインの合同企業説明会への参加率は約５割，オンラインの個別企業説明会への参加率は約７割であった。対面での説明会の多くが中止になった３月時点で，すでに多くの就活生がオンライン説明会を経験していた。

リクルートキャリア（2020b）によると，個別企業説明会の開催形式についての21卒就活生の希望は，対面が約5割，オンラインが約4割であった。対面希望の学生の方が多いものの，比較的僅差であった。個別企業説明会を10社以上経験した就活生に限って言えば，対面が約3割，オンラインが約6割と結果が逆転し，説明会のオンライン化を希望する学生が過半数に達した。もともとオンライン慣れしている就活生がオンライン説明会に足を多く運んでいた可能性は否定できないが，就活生の適応力も見てとれる。

オンライン説明会を希望する就活生は，地理的／金銭的な制約がなくなり企業との接触機会が増加したことなどのメリットを指摘した。一方で，対面説明会を希望した就活生は，参加の目的が定まっていないと参加の実感を持ちにくくなることなど，気軽さゆえのオンライン説明会のデメリットを指摘した。

◉──3-2　選考

マイナビ（2020c）によると，2020年4月時点でオンライン面接を受けた就活生は約6割で，前月比で約2割増加した。この時点で就活生の平均面接社数は2.3社だが，その内9割がオンライン形式であった。3月から7月を通して見た場合，21卒就活生が受けた面接の7割強がオンラインでなされたものであり，21卒の就職活動はオンライン化なくしては語れないことは明らかであった。

リクルートキャリア（2020b）によると，面接選考の開催形式についての21卒就活生の希望は，対面が約6割，オンラインが約2割であった。特に最終面接については，対面が約7割，オンラインが約1割と，多くの就活生が対面を希望していた。企業説明会と比べ，面接選考においては就活生の希望は対面形式の方に傾斜している。

オンライン面接を希望する就活生は，時間や移動費の節約になる，地域間格差が緩和される，自分の部屋なので緊張が少ないといったメリットを指摘した。その反面，対面面接を希望する就活生は，面接担当者や企業の雰囲気が分かりづらい，働くイメージが持てない，自分の良さが伝わっているか分からないといった事柄を，オンライン面接のデメリットと指摘した。

4．本書の構成

◉──4-1　テーマ

　このように，コロナ禍を受けて採用と就職活動が大きな変化を見せたのは確か
である。しかし，既存の情報に頼るだけでは，この変化を捉えきれないところが
ある。

　第一に，企業の採用についてである。既存の調査や記事などからは，企業側の
取り組みや思惑について，多くの示唆が得られる。しかしそれらはともすれば断
片的な情報の羅列にとどまり，企業の人事戦略や他の人事施策も視野に入れた，
採用に関する包括的で緻密な検討が行われているとは言い難い。本書では，コロ
ナ禍での企業の採用について，どのような取り組みがあり，それぞれがどのよう
な役割を果たしたかについて，企業へのインタビュー調査の結果をもとに検討す
る（第3章）。

　第二に，学生の就職活動についてである。就職活動の動向については，採用に
関するもの以上に，調査結果の蓄積がある。その代表が，本章でも度々引用し，
そして次章以降でも度々引用する，就活支援事業に携わる企業によるサーベイ調
査である。こうした企業による調査は，サンプルサイズも大きく，サンプルの代
表性がかなり確保されており，聞き取り項目も多岐にわたっている。にもかかわ
らず本書では，そうした先行調査の知見のみに頼らず，筆者自身が行った就活生
に対するインタビュー調査，そしてサーベイ調査の結果に基づいて，コロナ禍で
の就職活動の実態を描く（第4章および第5章）。

　企業や就活生を対象とする調査を行うに当たり，いくつかの指針を設けた。ま
ず，コロナ禍に伴う採用や就職活動の変化を，21卒と20卒の比較を通じて描き
出す。21卒の採用／就職活動においては，前提の大きな変化から，20卒の採用
／就職活動の当事者が考えずに済んだこと，行わずに済んだことに向かい合わな
ければならなかった。そして，それに伴い，様々な負担，そして学びを経験する

ことになった。

　また，コロナ禍に伴う変化の中で見落とされがちな不変の部分についても，採用と就職活動の双方で描き出す。あらゆる変化は，変わらない／変えない部分が土台にあるからこそ可能になる。活動の日程や情報の収集・発信の方法が変わる中，企業や就活生の何が保持されていたのだろうか。

　さらには，就職活動に関する調査に限ってだが，複数の調査手法を併用する。インタビュー調査を通じて，一般的な媒体で伝えられることの少ない，就職活動を取り巻く環境の変化や，その中での就活生の意識や実践に迫ることができる。また，サーベイ調査を通じて，単に関心のある事象に関する一般的動向を確認するだけでなく，要因間の相関関係あるいは因果関係を統計的に確認することができる。筆者は，大学に所属する研究者とそのもとで学んできた学生である。一般的な媒体で伝えられるものよりも緻密な分析を，インタビュー調査にもサーベイ調査にも適用させた。

　本書の核心は，コロナ禍での採用と就職活動についての具体的事例の記述である。ただし，事例は何らかの枠組みにより解釈されなければならない。調査結果を理解する前提となる，日本の採用や就職活動についての理論的および歴史的な叙述も，本書の重要な一部をなしている（第2章）。

◉─── 4-2　問題意識

　特に第2章で検討するが，企業の新卒一括採用と，それに対応した就活生側の求職行動は，明治維新以降の近現代の日本において，徐々に確立し，定着した。近年，こうした慣行については，その存続にも関わりかねない大きな岐路に立っているというのが，我々の問題意識である。

　日本の新卒一括採用は，その進め方，さらには就活生に対する期待，すなわち採用基準の面で，顕著な特徴がある。企業側のメリットとしては，①一括して採用することによる規模の経済性，②採用した社員の間での一体感（同期意識）の醸成，③採用した社員のキャリア開発に関する判断の先延ばし，といったものがある。

　もっとも，①については，繰り返し作業に伴う採用担当者の疲弊，それに伴う

採用品質の低下も懸念される（中村，2020）。②については，集団内の多様性や従業員の自律性が重んじられる昨今，同期意識の必要性が低下している恐れがある。③については，所属企業によるキャリア開発の指針や支援のあり方が見えないということが，若年就業者の早期離職の主な理由となりつつある。こういった，自社と就活生との間のミスマッチという根本的な課題に多くの企業が向き合い始めた中で，コロナ禍が企業の採用を直撃した。

　新卒一括採用という慣行に合わせる就活生側のメリットとしては，①学卒後に失業／無業状態になるリスクを小さくできる，②類似の採用基準で選ばれた同期との一体感，③自身のキャリア開発に関する判断の先延ばし，といったものがある。言うまでもなく企業側のメリットと符合するものであるが，それはすなわち企業側のデメリットが自身のデメリットになることを意味する。自らのキャリア志向や能力に合った企業に所属していない，自らに適した企業を主体的に選び直す力がないことに就業開始後に気づく，ということになりかねない。しかも，企業側が採用の窓口を狭めることの弊害は，あらゆる就活生に均等に及ぶわけではない。

　コロナ禍の前から，企業の採用，学生の就職活動においては，ある側面での成果と同時に，他の側面での課題が噴出していた。コロナ禍の中で，従来の成果はその水準を保持していたのかどうか。従来の課題は克服されたのか。あるいは，放置され，悪化したのか。本書では，そういったことを検討したい。

◉──4-3　本書が見るもの，見ないもの

　実際の検討に先んじて，本書が扱う範囲について確認しておきたい。本書は，コロナ禍の日本における採用と就職活動を分析するが，それを網羅的に扱うわけではない。

　まず，採用の主体としては，民間企業を想定する。試験選考に比重が置かれるなど，公共組織の採用は民間企業とは様相が異なる。公共組織の採用担当者にとっても本書の知見が有益である可能性はあるが，直接的な検討の対象としていない。

　次に，企業の採用の中でも，新規学卒者の定期採用（新卒一括採用）に，学卒

者のなかでも大学生や大学院生に，検討の対象を絞り込む。それは，高等教育機関の卒業／修了者を対象とした新卒一括採用が，典型的な日本の雇用—人事システムの中核の一翼を伝統的に担ってきており，様々な批判を浴びつつ，2021年現在でもその構図が基本的には保たれているためである。中途採用や中等教育機関（中学や高校など）を対象とした新卒採用は，異なる背景と実務のうえで成り立っているため，検討の対象から外した。また，理数系の大学生／大学院生においてはしばしば見られる，学校や指導教員等による推薦に基づく就職についても，検討の対象から外している。

　本書で検討対象となる学生／就活生には大学生と大学院生が含まれるが，彼らについて，以降では，記述の煩雑さを解消するため，「大学（生）」に表記を統一する。大学生は大学を卒業し，大学院生は大学院を修了する。この違いを踏まえて書き分けることはないが，大学院生が検討対象から外れているわけではない。

(1) 本章の執筆は，筆者のほか，学生調査メンバーのうち福安杏梨が担当した。
(2) 日本において広く用いられる，「大辞泉が選ぶ新語大賞2020」で次点に選ばれた呼称であり，本書でもこの呼称を用いる。
(3) 就職活動を行う学生の略称。一般的に用いられているこの呼称を，学生と置換可能な形で本書でも多用する。
(4) 以降，2021年に大学や大学院を卒業／修了した，あるいはすることを予定していた学生，就活生のことを「21卒」と称する。それ以前の年に学校を卒業／修了した者についても，同様の表現を行う（例：20卒）。
(5) ディスコ（2020）によると，21卒の採用を取りやめる企業は調査対象全体の0.5%であった（2020年4月時点）。
(6) 本調査で示される内定率は，就活サイトの運営会社（就活支援事業者）の調査により示される数値よりも低く出ている。それはサンプル特性の違いによるものと考えられる。行政による調査は「設置者・地域の別等を考慮し，文部科学省・厚生労働省が抽出」した一部大学の学生を対象として行うのに対し，就活サイト運営会社による調査は自社サイトへの登録者を対象として行っている。
(7) 日本経済新聞（2020年4月6日朝刊）。
(8) 日本経済新聞（2020年4月8日朝刊）。公開動画数の数は参照記事作成時点のものである。
(9) 日本経済新聞（2020年6月1日朝刊）。

第 **2** 章　採用と就職活動の考え方⁽¹⁾

1．企業と就活生の関わり合い

　一般的な採用の流れは，（1）情報公開と募集，（2）選考，（3）の内定通知と内定者フォロー，からなる。こうした流れの各所で企業と関わることが，就職活動を行う学生（以下，就活生）の就職活動の根幹をなす。

◉── 1-1　情報公開と募集

　本選考に入る前の段階である[2]企業は，インターンシップ，合同または単独での企業説明会を開催することで，就活生との接点を築く。経営のあり方や職場環境，雇用条件（就業条件）などについて情報発信することで，企業は自社に興味を持つ就活生を増やそうとする（「母集団形成」）。多くの就活生が，大学卒業の1年半～2年ほど前からこういったイベントに参加する。インターンシップや企業説明会に参加することで，就活生は，興味のある業界や企業を見つけ，企業との接点を持つようになる。

　インターンシップとは，会社や業界への理解を深めるために各企業が就活生のために設けた1日～2週間程度の職業体験のことである。夏頃に行われるインターンシップをサマーインターンシップと呼ぶが，RECCOO（2018）によると，上位校[3]に在籍する大学生（2019年卒業予定）の約8割がサマーインターンシップに参加していた。インターンシップに参加するために面接等の選考を設けている企業も多く，その関門を突破するために業界分析や自己分析を始める学生もいる。このような熱を帯びたインターンシップであるが，日本において一般化したのは2010年代以降である。

　就活生に対するこうした情報提供と並行し，多くの企業が自社のウェブサイトに採用情報を掲載し，就活生によるエントリーを受けつける。自社の採用ウェブサイトの他，求人広告，リクナビやマイナビなどの就活支援ウェブサイトでも採用情報を公開する。多くの企業が本選考の情報を解禁し，就活生によるエントリーを受けつけるのが，入社予定日の1年1ヶ月前に当たる3月1日である。

ここから採用と就職活動が本格化する。

　本選考においては，企業は就活生に対し，エントリーシートや履歴書の提出，筆記試験の受験，グループディスカッションや複数回の面接への参加を求めることが多い。ほとんどの就活生は複数の企業にエントリーするため，3月以降は多忙を極める。手書きのエントリーシートを就活生に求める企業もある程度存在するが，インターネット上で提出することが多い。エントリーシートでは，主に志望動機や自身が学生時代を通じて取り組んだことについて記述する。採用担当者がその文章を吟味するのが，企業による選考の第一段階である。ウェブサイト上でのエントリーシートの提出の場合，その形式は自由度が高く，就活生に自己PR動画の提出を求める企業も近年増加している[4]。

◉──1-2　選考

　エントリーシートや履歴書での選考を通過した就活生に対し，企業は筆記試験，グループディスカッション，面接による選考を行う。筆記試験はインターネット上で受験するのが一般的であり，その種類は様々である。受験場所も自宅からテストセンターまで様々である。SPIと呼ばれるウェブテストが日本では広く普及しており，SPI対策は就職活動において重きをなしている。グループディスカッションでは，企業が就活生に対してある議題を与え，就活生同士で議論をさせ，プロセスやアウトプットの内容から就活生の自社への適性や論理的思考力などを測る。人数は4人から6人が一般的であり，議題は各企業の活動に近いものがしばしば採用される。

　一般的に，面接は複数回行われる。面接の段階を重ねるごとにより役職の高い社員が面接を担当し，最終面接は役員が担当することが多い。面接担当者のみならず，就活生への質問内容，評価基準も，面接の段階を重ねるごとに変わる。従来，就活生はリクルートスーツを着て面接会場に臨むことが一般的であったが，近年はリクルートスーツを強要しない企業も増えてきている。また，遠方から面接に臨む就活生への配慮から，オンライン面接を行っている企業もコロナ禍以前から増加傾向であった[5]。

◎── 1-3　内定通知と内定者フォロー

　本選考を経て，企業は就活生の一部に入社内定を通知する。多くの企業が，選考開始日の表向きの目安である6月1日以降に採用予定者に内定通知[6]を出す。つまり，6月1日以前に選考が実質的に行われていることが多い。

　内定を得た就活生は，ここで就職活動をやめるか，他の企業の選考を継続することを判断する。就活生は複数の企業から内定を通知されることがある。この場合，就活生は最終的に内定通知を承諾する1社を決めなければならない。

　内定を通知した就活生に内定辞退をされないよう，企業は懇親会や面談を開くなどの様々な対策を講じている[7]。中には，他社の選考の辞退を要請する企業もあり，「オワハラ」として社会問題化している。内定受諾をした者について，企業は徐々に社員として扱うようになる。内定式や内定者懇親会のほか，入社前教育を行い，入社後に必要となる能力や意識の養成を行うことが多い。

　学生が就職活動を終えるタイミングは様々である。大学卒業の2年ほど前に終える者もいれば，卒業直前の年明け前後まで活動し続ける者もいる。

2．採用の論理

◎── 2-1　採用の目的と基準

　採用とは，（1）企業の目標および経営戦略実現のため，（2）組織や職場を活性化させるために，外部から新しい労働力を調達する活動である（服部，2016）。新卒で採用された新入社員には，即座にこういった採用目的にかなう働きをすることは難しいとしても，いずれ目的にかなうようになることが求められるし，そういった可能性があると判断された者が企業に採用される。潜在力（ポテンシャル）に着目した採用である。

　企業の採用目的は採用基準にも反映される。会員企業を対象とした日本経済団体連合会（日本経団連）の調査では，主な採用基準として，（1）コミュニケーション能力，（2）主体性，（3）チャレンジ精神が挙げられた（日本経営者団体連合会, 2018）。別の調査では，（1）人柄・性格，（2）向上心，（3）協調性，が正社員の主な採用基準として挙げられた（マイナビ, 2020a）。いずれの調査でも，基礎学力や専門性は挙がっていない。日本の新卒採用では，専門分野の知識や技術よりも，積極性や協調性といった性格特性が採用基準として重視されていることが分かる[8]。

　今城（2016）によると，採用の中心をなす面接選考時の評価について，（1）一般的な対人評価，（2）組織との適合評価，（3）職務との適合評価，に分けられる。日本企業の主な採用基準は，この分類に従うと，（1）と（2），その中でも知的能力以上に性格特性に傾斜している，と言える。曰く言い難いものを，テスト・ツールの選択や採用担当者の能力向上により，捉えようとしているのである。

◉―― 2-2　採用が果たす機能

　企業の採用においては，自社の文化や慣行との適合性が高い求職者，今の自社には欠けていて，かつ必要な資質や能力を有する求職者，あるいは，将来そうした要件を満たせるようになりそうな求職者を確保しなければならない。採用は，単に人員の頭数をそろえる活動ではない。以下では，大学生の新卒採用を念頭に置きながら，採用が果たすべき機能について，4つの側面から迫りたい。

　企業はまず，就活生を引きつけなければならない。引きつけ（attraction）とは，「この会社で働きたい」と就活生に思わせることである。企業は，就活生に対する情報開示や関与を通じ，彼らの入社志望度を高め，実際に応募してもらわないといけない。また，選考や内定者フォローの段階でも入社志望度を維持または向上させなければならない。

　企業はまた，就活生を選抜しなければならない。選抜（selection）とは，様々な手法を通じて自社が望む要件を有している就活生を選ぶことである。企業の期待に該当しない就活生との関係は，選抜を通じて解消される。関係解消の起点は

企業であることもあれば，就活生であることもある。自社に合わない就活生に自発的に関係解消してもらうことも，企業による就活生への情報開示や関与の重要な役割である。

　企業はさらに，就活生を保持しなければならない。保持（retention）の対象は，すでに入社した従業員とされることが多い。しかし，日本の新卒一括採用においては，企業が就活生の一部に入社内定を出したのち，実際の入社までに数ヶ月以上の間隔が空くことが多い。また，就活生は複数企業による内定を有することも多い。移り気な就活生に自社への関心や入社意欲を保ってもらうため，企業による情報開示や就活生への関与が必要となる。

　最後に，企業は就活生を育成しなければならない。育成（development）も，すでに入社した従業員が対象とされることが多い。しかし，新卒一括採用時に企業が相手にする就活生の多くは，特別な職務経験や職務に関連した専門性を有さない。彼らが実際に入社し，業務に従事するまでに，最低限の職務遂行能力，キャリア意識，貢献意欲を持ってもらうことを，企業は期待する。ここでいう貢献意欲とは，企業活動に対する当事者意識，コミットメントであり，引きつけや保持と深く関わる入社志望とは異なる。

　採用の各段階において，これら4つの機能が達成されなければならない。例えば募集においては，就活生の入社意欲や貢献意欲，それに即した学習意欲を高めつつ（引きつけ，育成），自社との適合性が低い就活生がエントリーしてこないようにするための情報提供も必要になる（選抜）。選考においても，エントリーしてきた就活生の評価を行いつつ（選抜），選考中のやりとりの中で入社の意欲を向上・維持させたり（引きつけ，保持），社会人としての成長を促すための指摘を適宜行ったりする（育成）。内定者フォローの段階においては，他者の内定よりも自社の内定を優先するように働きかけたり（保持），入社後を見据えた学習や意識醸成を促したりする（育成）。

◉── 2-3　採用の複雑性

　2-1では，日本企業の採用基準について，専門分野の知識や技術よりも，積極性や協調性といった性格特性といった要素が採用基準として重視されていると

した。これは広い意味では，Wanous（1992）が言う「能力のマッチング」に該当する。さらには，一連の採用プロセスを通じ，求職者が企業に何を求めているか，企業が求職者に対して何を提供できるかについて共通理解を形成しなければならない。就業上のニーズと雇用条件が一致して初めて，雇用関係が安定的なものとなり，早期離職を防ぐことができる。Wanous（1992）の言う「期待のマッチング」である。

服部（2016）は，これらのマッチングに加えて「フィーリングのマッチング」が，少なくとも日本の採用の現場では重視されているとしている。求職者は面接会場の雰囲気，採用担当者の佇まいや言動から，選考を受けている企業の魅力の大小を評価する。「ここで働きたい」，「この人と働きたい」という欲求が，その場の「雰囲気」に触れて初めて生じるのである。同様に，採用担当者も，求職者に実際に会い，書類では分からない「雰囲気」に触れることで，「自社に合う」，「一緒に働いてほしい」と思うようになる。

この評価基準は，以下の点において特異である[9]。まず，評価基準としてのフィーリングには，単に主観的であるだけではなく，特定の面接選考の場で構築され，その選考が終わると消えるという側面が大なり小なりある。採用担当者の中に特定の基準があって複数の求職者に適用されるというよりは，目の前にいる求職者との関係性に根ざしたものだからである。相手が変われば判断基準も変わりうる。

また，「フィーリングのマッチング」は，「能力のマッチング」や「期待のマッチング」と別に存在しているとは限らない。「能力や期待のマッチングがフィーリングに基づいてなされる」というと，恣意的な面接選考のようであるが，能力や期待のマッチングの形成に真摯であるほど，フィーリングによる判断を余儀なくされることもある。企業や求職者の間の情報の非対称性はないに越したことはないが，互いの実態について，すべてを言語的情報，あるいは形式知として表現することは不可能である。

こうした状況での採用についての判断は，ある種の「賭け」，「結論の先送り」という性質を帯びる。ある程度の証拠は必要としつつも，企業から求職者への「ちゃんとやってくれるだろう」という信頼（trust）が，こうした判断を最終的に可能にする（福井，2016；Giddens，1990）。信頼は，論理的というよりは，むし

ろ感情的なものであるが，その正しさは，企業と従業員（元就活生）の双方が相手に対する義務を履行し，適宜定め直すことで，事後的に証明するしかない。互恵的な関係についての暗黙の合意が，採用も含めた人事管理，雇用関係全般を貫くのである（Gouldner, 1960；Rousseau, 1995）。

もっとも，採用に関する判断においてフィーリングが前面に立つことは，採用プロセス全体の正当性を揺るがすことになる。マッチングの形成のため，企業側と求職者側の情報は極力，客観化，透明化する。選考手続きについては，面接担当者の訓練も含めて，なるだけ体系化する。こういった条件を整え，常に改善させてこそ，新卒一括採用におけるフィーリングのマッチングは企業と就活生の双方によって承認されるし，むしろ必要とされよう。

3．就職活動の論理

就職活動を行う就活生は，自身に合った企業や職種を考えるだけでなく，この先の職業人生を設計する。「自己分析」を求められる就活生は，何を，どう分析するのだろうか。

◉──3-1　キャリアとは

人が仕事を通じて探求し，得るものの1つに，キャリアがある。

Super（1980）の定義によると，キャリアとは「入職以前から入職後に及ぶ，その人の生涯を通じて得る，一連の職業や仕事，地位」である。Superによると，キャリア形成においては，「成長期」，「探索期」，「確立期」，「維持期」，「衰退期」といった段階ごとに，克服すべき固有の課題がある。

「成長期」（15歳頃まで）は，空想や家族を手伝う経験などから，職業に対する関心が芽生える段階である。「探索期」（15〜25歳頃まで）とは，アルバイトや就職，転職などを通じ，自分に相応しい職業が選択される段階である。その次に「確立期」（25〜45歳頃まで）が到来し，自己の職業的専門性が定まり，業績が生

み出されていく。「維持期」（45〜65歳頃まで）においては，自己の職業的な達成が継続されるとともに，後輩の指導や後継者の養成が課題となる。そして最後に「衰退期」（65歳頃以後）が到来し，職業の世界からの引退が生じる。

　皆がこのようなキャリア発達段階を取るとは限らないものの，このモデルに近似したキャリア形成を行う人は実際に多いし，就活生に該当する20歳代前半をキャリアが確立する前の探索の段階としていることは示唆深い。

◉── 3-2　キャリアを支えるもの

　「軸を持て」とアドバイスされた就活生は多いだろう。自身のキャリアについて譲れない価値観や条件を整理することは，就職活動にある程度の一貫性をもたらすし，選考過程での強いメッセージ発信に繋がるからだ。Schein（1978）はそういったキャリアに関する自己認識を「キャリア・アンカー（錨）」と名付けている。キャリア・アンカーは，「自分は何が得意で，何が強みか」，「自分はどういう仕事がしたいのか」，「自分にとって価値があることは何なのか」といった内省を深める中で，徐々に見出される[10]。「自己分析」とは，このような事柄についての内省，言語化なのである。

　Schein（1978）によれば，自身のキャリア・アンカーが確立する時期は40歳前後である。したがって，就職活動時に行われた「自己分析」とは異なる自己認識を，人々は仕事上の経験を通じて得直すのである。それが，Super（1980）で言われる「探索期」全体，および「確立期」の実像である。思いどおりの仕事ができたとしても，それが「自分らしい」生き方だとは限らない。

　だとしたら，就活生がキャリアについて考えたり，それについて企業とやり取りすることは無駄なことなのだろうか。それは，「条件付きで」無駄ではない。就活生にとっては，たとえ見出された「自己」が仮説的なもので将来変化するものだとしても，内省や言語化という経験自体が有意義なのである。また，企業にとっては，「自己分析」の中身のみならず，それが案出されるプロセスから，就活生の特徴を知ることができる。

　「条件付きで」としたのは，「自己分析」の中身に就活生と企業がこだわりすぎることで，マッチングを阻害するコミュニケーション，さらには就活生や企業の

不安感や焦燥感が発生しかねないからである。企業側に評価されることを目的に「自己分析」の結果を逆算し，アピールに心血を注ぐ就活生。曖昧模糊な「自己」に就活生がどう向き合ってきたかではなく，第一印象の分かりやすさで就活生を評価しない企業。彼らは「自己分析」の中身に囚われすぎていると言えよう。

　自らのキャリア・アンカーを探る活動のことを，キャリア・デザインという（金井, 2002）。しかしながら，常にキャリアをデザインしようと躍起になると疲れてしまうし，視野が狭まりかねない。キャリア・アンカーを探る際には，偶然の出会いや予期せぬ出来事をチャンスとして柔軟に受け止めるため，あえて状況に身を流されるようなことも必要となる。これをキャリア・ドリフトという（金井, 2002）。

　金井（2002）は，キャリアの節目ごとに必ずデザインし，それ以外の期間はドリフトすることの必要性を強調している。就職活動はキャリア・デザインをすべき節目であると言えよう。ただし，就職活動においてはドリフトが不要なわけではない。友人に請われてしぶしぶ参加した企業説明会で，従来関心がなかった業界や企業の魅力に気づくこともある。

　デザインとドリフトが折り重なってキャリアが成立すること示す，「計画された偶然（planned happenstance）」という考え方がある（Mitchell et al., 1999）。この考え方に立つと，キャリアは大半が偶然のうえに成り立っている。ただし，自分自身で人生の方向付けを怠っていると，起こり得た偶然の出会いすら生じない。自分のキャリアをつくり出すきっかけは，実は常に身の周りにある。それに気づき（＝偶然），キャリアの礎にできる（＝必然）かどうかは，その人の日頃の意識，すなわちキャリア・デザインによるのである。

◉── 3-3　社会人になるための準備

　学生が社会人となった初期に起こりやすいのが，「リアリティ・ショック」である。それは，「組織参加以前に抱いていた期待と，参加後の現実とのギャップによる組織への幻滅・失望」を指す。「華のある仕事ができる」と思って入社したらルーチンワークばかりでがっかりすることも，「入社したらきつい仕事が待っている」と覚悟して入社したら思ったより楽な仕事であったと感じることも，

共にリアリティ・ショックである。

　若年就業者の早期離職問題が社会問題となって久しいが，その原因の１つが　リアリティ・ショックであり，それは学生の就職活動前後での経験に多分に起因している。入社以前に時期を限定する時，リアリティ・ショックが起きてしまう学生側の原因としては，就職活動やその前後での自己や周囲（業界，企業，他の就活生など）についての情報の探索や咀嚼の不足が挙げられる。

　Wanous（1992）によれば，正確な情報を獲得し，それでもなお職業生活に対して現実的かつ前向きな期待を持てるような組織に所属することが，リアリティ・ショックの抑制に繋がる。入職後に辛いことがあったとしても，予期したことであれば驚きは小さくなるし，自ら選択したことでもあるから直視できる。学生には，早い時期から多くの社会人に触れ，観察学習を進めながら，働き方についての良し悪しの基準を自分なりにつくることが求められる。学生が所属する大学には，内定獲得のためのテクニックではなく，学生が今後の自身のキャリアについて内省，言語化する機会を設けることが期待される[11]。

　とはいえ，どれだけ事前の備えがあったとしても，入職時の様々な経験は，誰にとっても楽なものではない。キャリア上の困難を乗り越える過程（トランジション）について，Bridges（1980）は，「終焉」，「中立圏」，「開始」の３つ段階からなるとした。往々にして見落とされがちだが，何か新しいことを「開始」する時には，それ以前の状態に別れを告げる「終焉」，過去とも未来とも結びついていない宙ぶらりんの状態としての「中立圏」を，苦しい中でも経過しないといけない。

　学生から社会人への変化は，外形的のみならず，心理的にもなされなければならない。就職活動や入職の過程においては，単にある企業や業界に憧れ，そこで働くための研鑽を積むだけではなく，学生生活というある種の「ぬるま湯」への別れを，将来に対する覚悟とともに行わなければならない。しかし，過去に別れを告げた瞬間に，思い描く未来が現実に到来するわけではない。真剣に思い描いてきたことが，周囲によって否定されたり，ただの夢想に過ぎなかったと気づかされることもあるだろう。探究や妥協を重ねることで，自分に示された機会を納得して受け入れ，社会人生活を本格的に始められるようになる。

　ここで指摘したような様々なポイントを意識することで，キャリア・デザイン

は就活生にとってより自然で，彼らの人格により深く根ざしたものとなる。彼らを採用する企業側には，既存の働かせ方や雇用慣行から導き出される「型」に囚われすぎずに就活生と向き合い，彼らの良さを活かせる雇用機会をどれだけ提供できるか，真摯に検討することが求められる。日々変革を謳いながら，型にはまった意識や行動を就活生に結果として求めているとしたら，企業にとって大いなる自己矛盾である。

4．日本の採用と就職活動の歴史

◉── 4-1　日本の人事管理の中核

　日本の人事管理とその根底にある雇用慣行は，第二次世界大戦の前後から高度経済成長期にかけてその大枠が形作られ，基本的にその大枠が維持されるような形で今日に至っている。採用と就職活動の形式は，企業の人事管理によって規定される。そのため以下では，日本の人事管理の中核[12]について説明し，採用／就職活動の変遷について振り返りたい。

　日本企業に特有の現象として顕著に見られるのが，包括的な雇用契約である（久本，2010）。「包括的」とは，従業員の職務内容，時間，場所についての決定を雇用契約が結ばれる時点で行わず，事後的に決定し直すことを指す。そこでは，海外と比べても頻繁で幅広いジョブ・ローテーションが，時に事業や職種をまたぐような形で行われる（佐藤，2002）。こうした雇用条件（就業条件）は多くの従業員にとって不確実性や負担感が大きいものであるが，企業は，そうした負担を従業員が受け入れやすくするためのインセンティブも用意している。定年までの雇用保障，査定付き定期昇給，そして内部昇進／昇格の機会などである。

　こうした人事管理や雇用慣行の背景には，各従業員の職務内容の詳細を事前に定めすぎない職場の運営体制がある。そうした職務をうまく行うため，従業員には，職種的な専門性のみならず，組織に対する全体的理解と同僚との緊密な協力

や調整をもとに成果を挙げることが期待される。どのような職場でも，その文脈に深く入り込んで「変化と異常」に自ら対処するために従業員が持つべき能力は，多分に暗黙的で，企業特殊的である（小池，2005）。つまり，知識や技術のみならず，同僚との協調性，突発的な業務上の負担の受容，職場や企業全体への愛着や忠誠といった態度的な要因も，広い意味での職務遂行能力となる。

こうした条件を満たす「即戦力」を労働市場から必要に応じて速やかに調達することは，企業にとって困難である。そのため，多くの日本企業，特に大企業が，職務遂行能力は乏しいものの，それを将来取得する潜在力（ポテンシャル）がありそうな学生を，採用後の配属先をあらかじめ定めることなく大量に確保してきた。入社時点で求められる専門性の大小は職種によって異なるものの，積極性や協調性，さらには「地頭の良さ」を，職種の別を問わず，多くの企業が学生に求めてきた。

企業は雇い入れた元学生を数年〜10年程度の時間をかけて「一人前」に育て，その中から職場の管理者，企業全体の舵を取る経営者を，さらに時間をかけて登用してきた。その合理性には検討の余地はあるが，現在の多くの企業において，経営者や上級管理職へのトラックは，大学を卒業した者がその大半を占める「総合職」の前にのみ依然として敷かれている。コロナ禍のもとでの採用や就職活動を論じるに当たり，この事実は無視できない。

◉── 4-2 　歴史的展開

次に，企業が学生，特に高等教育機関に所属する学生をどのように評価，採用し，それに対して学生はどう対応してきたか，大まかに区切った年代ごとに紹介したい。その時の経済団体，教育機関，国の動向も適宜踏まえる。

【明治期（1868〜1912年）】

明治期に新卒採用の原型が作られたとされている。1875年に三菱が慶應義塾の塾生を採用したのが新卒採用の第1号だという説もある（リクルートワークス研究所，2010）。当時，帝国大学や官立／私立の専門学校で学ぶ者はエリート層であり，卒業後は学界や官界を目指す，あるいは故郷に錦を飾る者がほとんどで

あった。こうした中，主として財閥系企業が，幹部の養成，技術者の確保に対する強い動機から，官庁からの招聘のほか，高等教育機関の学生を採用するようになった。

　この頃の採用あるいは就職の形態として特徴的なのが，学校教員による学生の紹介，社員による同門あるいは同郷の後輩学生の勧誘である。企業から見た学生，あるいは学生から見た企業については不透明な部分が多いにもかかわらず，仲介者（学校教員や社員）への信頼から，こういった雇用関係が成立した。また，そこでは，所属校の名に加え，学校での試験の成績が，学生の優秀さを測るシグナルとして利用されていた（福井, 2016）。こうした，教育機関と企業の間での信頼関係に基づく人材の受け渡しの慣行は，現在の高卒者，理系の大卒者／院修了者に典型的に見られるように，その後の日本で長く定着した（Kariya and Rosenbaum, 1995）。

【大正期（1912〜1926年）】

　資本主義や工業化の進展と第一次世界大戦中の好景気により，多くの企業が高等教育機関の卒業生を求めるようになった。また，1919年に施行された大学令により，官立・私立の多くの専門学校が大学昇格を果たし，幹部候補生をめぐる需給が共に拡大した。新卒一括採用が確立，定着したのはこの時期である。

　大学の数が増加するにおよび，学生の優秀さを測るシグナルとして，企業が大学名を重視する傾向が強まった。学業成績は実社会での優秀さとは無関係なものであるとして，徐々に軽視されるようになった。成績は「悪くなければいい」という程度の位置付けとなり，その代わりに重視されるようになったのが「人物」である。人物重視の面接試験の重要度が上がるなか，『就職戦術』（1929年 寿木孝哉，先進社）という本が学生の間で広く読まれる，大学が学生の就職の支援や斡旋を行うなど，就職活動を行う側の過熱が顕著になった。反面，採用する側は，「採用人数を決定 → 特定の教育機関に学生の推薦を依頼 → 推薦された学生の選考を実施」という選考プロセスを固めつつ，第一次世界大戦後の不況期には採用数を絞るなど，その時々で学生への対応を改めていた（福井, 2016）。

【戦前～戦中（1926～1945年）】

不況と就職難が長引く中，就職活動は激化し，高等教育機関の卒業生の就職先と想定されていなかった職種にも卒業生が流入するようになった。また，卒業数ヶ月前から就職活動が行われるという「早期化」が見られるようになった。1928年には，日本銀行，第一銀行，横浜正金銀行，三井物産，三菱合資，安田保善社の6社を中心として，卒業銓衡（選考）は卒業後の元学生を対象に実施することを決定した。これを「六社協定」といい，後述する「就職協定」の起源となった。しかし，協定不参加企業の多さから早期化の傾向は収まらず，数年で破棄されるに至った。就職難は1930年台中盤には回復の兆しを見せるが，それでも理系と比べた文系，中等教育機関と比べた高等教育機関の就職率は低かった（菅山, 2011）。

1930年代後半以降の戦時体制への突入，および欧州での大戦勃発（1939年～。第二次世界大戦）に伴うインフレは，学卒者労働市場にも影響を与えた。1938年には「学校卒業者使用制限令」が発令され，技術者を緊急部門に重点配置するため，鉱工業関係の学校の新規学卒者の雇用義務が各企業に生じた（行政による割当制）。また，1940年には「会社経理統制令」が発令され，国家（大蔵省）による企業の利益管理の一貫で，社員の給与に対する規制が強化された。初任給について言えば，最終学歴ごとに上限が設けられ，従来存在していた同じ学歴での学校間格差，あるいは企業間格差が縮小した（田口・大島, 2019）[13]。また，昇給に関しても多くの規制が課されるようになり，年功主義的な賃金体系がより強固なものとなった。

この頃までに，高等教育機関の卒業生を対象とした長期雇用の体系と，そこへの入り口としての新卒一括採用の枠組み，採用基準，そして就職活動のパターンが大方固まった。学校と企業の間の「制度的リンケージ（Institutional Linkages：Kariya and Rosenbaum, 1995）」が高学歴の文系学生においては相対的には強固ではなく，就職のための自助努力がより求められる点についても同様である。その後は，この大枠の中での微調整と，対象の広がりが見られるようになる。

【戦後～高度成長期（1945～1973年）】

戦後の混乱は大きかったものの，1950年以降の好景気（朝鮮特需）の中，多く

の企業が新卒採用を増やした。しかし同時に大学生の数も増加したため，採用も就職活動も，過熱化，特に早期化した。学業成績を十分に判定できない時期に学生への入社内定を企業が出すことを表す「青田買い」という言葉も生まれた。

　学生の就学機会を確保するため，産学官の協議により「就職協定」が定められた。学校推薦の開始時期を事務系は10月1日，技術系は10月13日と，入社試験は年が明けてからと決まった。就職協定は，学卒者市場が冷え込む不況期には守られるものの，好況期には破られがちであった。数年に一度は不況に入り大学卒業者の就職率は多く落ち込んだものの，それ以外の時期においては企業の採用意欲は旺盛で，協定違反が続出した。1962年には日本経営者団体連盟（日経連。現日本経団連）が協定違反についての「野放し」宣言を行い，就職協定は無効化し，採用／就職活動の早期化は加速した。

　早期化の背景にあるのが，学生による，学校推薦に頼らない形での企業への自由応募である。特に，1968年に本格化した大学紛争のあおりで，大学は就職指導などに対応できなくなり，学生は自力で就職先を探さなくてはならなくなった。その傾向は文系で顕著であった。もっとも，就職協定に示された学校推薦の期日前の選考や内定は協定違反になるため，学生による企業訪問，企業による選考は水面下で行われていた[14]。協定違反が露見しても制裁が課されなかったため，こうした協定違反は広く行われた。

【オイルショック〜バブル経済（1973〜1991年）】

　二度にわたるオイルショックに代表される不況が度々発生し，その度に就職難が発生し，内定取り消しや学生の自宅待機が社会問題化した。また，大学の大衆化（ノン・エリート化）もあり，中小企業や流通，外食といった当時の新興産業，販売，サービスといった従来大卒者が就職することが想定されていなかった職種に多くの大卒者が流入した。1986年に施行された男女雇用機会均等法により多くの企業が男女別採用方式を廃止し，日本的な人事管理の中核（第4章4-1参照）への門戸が，女子学生に対して開かれることとなった。

　形骸化した就職協定を再度実質化する動きも現れた。1973年度の採用について，会社訪問／企業説明会を5月1日以降，選考を7月1日以降とする申し合わせが，中央雇用対策協議会で決議された。その後，先述のような就職難への対応のため，

1976年にはこの協定は1985年まで継続した。しかし，OB訪問等を名目とした期日前接触，選考開始日以前の実質的な選考が頻発したため，協定における日程の前倒しが進んだ。また，「選考開始」という名称が「採用内定開始」に改められた。そこには，例外の余地があるルールがルール破りを創出し，それにルールが合わせる，という循環の構図が見られた（福井，2016）。

　1986年のプラザ合意による円高が急激に進み，日本はバブル期へと突入した。主要企業の採用数は激増し，かつてない売り手市場となった。1991年卒の大卒者の有効求人倍率は 2.86 となり[15]，この値は今日に至っても統計開始後の最大値である。各企業は内定者の他社への流出を避けるため，様々な誘因あるいは拘束の手段を講じた。その中には，内定者への自動車の贈与，著名遊園地や海外旅行への招待，といったものも含まれる（マイナビ，2018a）。

【就職氷河期（1992〜2005年）】

　バブルの崩壊後，1992年から2005年にかけて，有効求人倍率が1以下となった。この頃の日本企業は，（1）バブル期の過剰投資に伴う損失を精算する，（2）株主価値を最大化するために財務的業績の向上に努める，（3）経営のグローバル化や企業間競争の激化に対応するために「即戦力」としての中途採用を多く活用する，といった行動をとった。その結果，育成コストの回収に時間を要する新卒採用の大幅な抑制，厳選化が見られた。

　この時期，学生の就業機会の二極化が進んだ。まず，希望する就職がかなわず，非正規雇用や無業を選択せざるを得ない学生が生じた。彼らの多くが今日に至るまで就職活動時点での「つまづき」を挽回できずにいる。日本企業の雇用慣行においては新卒者の内部登用が主流であり，かつ，「即戦力」としての高待遇を企業から受けるための能力開発機会が企業外で十分に確保されていないためである。一方こういった状況においても，企業により優秀と判断された一部の学生は，好景気の時期と同様に就職先を選べる状況にあった。

　「優秀な学生」とは，採用手法の進化に対応できた就活生のことである。この頃の採用ではエントリーシートが誕生し，面接選考が重視されるようになった。そして，自己PRと志望動機を明確にし，採用担当者に伝えることができる就活生が優先的に採用されるようになった。これまで重視されてきた職務遂行能力や

その潜在力（ポテンシャル），あるいは「人物」に関連し，自己分析や自己アピールの力が求められるようになったのである。

　こうした採用は，上意下達的で従業員の均質性を（結果として）重視する保守的な企業の枠にはまらない就活生が評価される方向性への転換に，一見すると感じられる。しかし，人事や雇用の慣行は実際には大きく変化しておらず，就活生がそこから逸脱するメリットは存在しないため，個性や多様性を重視しようという企業側の目論みは頓挫しかねない。しかも，就活生の自己分析や自己アピールの力を企業側が正確に判定するのは困難である。企業としては，自社との相性という曖昧で感覚的な要素で判断せざるを得なくなる。

　就職協定の形骸化はますます進み，1997年には，大学側の度重なる要請にもかかわらず，企業側の意向で就職協定は廃止された。採用や就職活動の早期化の抑制は企業側の「倫理憲章」で謳われるに過ぎず，採用や就職活動の自由化はさらに進んだ。就職氷河期における自由化とは，就活生にとっては多忙化であり，2000年前後では，エントリー企業数が100を越えることもめずらしくなくなった[16]。また，この時期には，職種別採用，通年採用，採用直結型のインターンシップ，留学生や外国人の採用など，様々な取り組みが登場した。

【現在（2006年〜）】

　本田（2010）は，就職協定廃止後の就職活動の実態について，就職活動の「早期化」，「長期化」，「煩雑化」を招き，かつ情報の不透明性は解消していないとしたが，これらの傾向は，就職氷河期終了後も基本的には変わっていない。

　本書で分析対象とする21卒採用においては，採用情報公開・エントリー受付を3月以降，選考を6月以降とするよう，政府からの指針[17]で定められている。ただしこれ以前にも，企業は就活生に対して，インターンシップやOB／OGとの接触の機会を提供している。これらは場合によっては選考の前段階を兼ねていることもあり，就活生にとっては就職活動の一環をなしている。

　就職活動の早期化に伴い，就職活動は長期化する。「一生に一度の就職」という意識の強さから，就活生の多くが内定先企業を増やし，ギリギリまで比較しようとする。これに伴い，内定辞退をされないためのフォロー，内定辞退された後の追加募集といった，企業側の手間も増えることになる。

「煩雑化」について言えば，就活生による企業へのエントリー数は，この10年で大幅な減少傾向にある[18]。しかし，それに替わり，合同あるいは単独での企業説明会，インターンシップへの参加が増えている。例えば，マイナビ（2020f）によると，15卒と21卒の比較で，インターンシップに参加した就活生の割合は32.7％から85.3％へ，インターンシップ参加者の平均参加社数は1.6から4.9へ，劇的な増加を見せている。

5．マッチングをめぐる課題と対応

　企業と就活生のマッチングの仕組みとしての新卒一括採用は，近代化の始まり以降徐々に形成され，高度経済成長期に一旦の完成を見た。その後も社会・経済・産業の変化に合わせた微修正が重ねられてきた。このようなマッチング手法には，どういった課題があり，課題解決に向けて何ができるのだろうか。

◉──5-1　マッチングをめぐる課題

　大学を卒業した若年就業者の入職後3年以内の離職率は，リーマンショック期の2009年3月に卒業した者を除き，この四半世紀ほど30％を上回り続けている[19]。内閣府（2018）によると，早期離職の主な理由は，「仕事が自分に合わなかったため（43.4％）」，「人間関係がよくなかったため（23.7％）」，「労働時間，休日，休暇の条件がよくなかったため（23.4％）」である。

　転職によりキャリア・アップをするといった考え方も広がりつつあり，離職率の高さ自体が課題だとは言い切れない。しかし，現状では離職理由の上位をネガティブな理由が占めており，採用，就職活動の時点でのマッチングに不十分な点があったことを示唆する。マッチングの不備は，雇用関係が生じる前と後の双方で見られる。

　まず，採用をする企業と就職活動をする就活生の間で，十分な情報共有や合意形成がないままに雇用関係が生じるケースが少なくない。企業の側からすると，

若手社員の希望に自社として応え難いことが，実際に雇い入れてから露見することがある。また，若手社員の側からすると，就職活動時に企業から伝え聞いた事柄以外の多くの適応課題があることが入社後に明らかになり，途方に暮れることがある。企業と就活生の双方が，実際の雇用関係が発生する前に，互いの知らない部分（情報の非対称性）を埋めずにいたのである。

　リクルートキャリア（2020a）によると，「学生に情報を求められれば隠すことなく開示している・した」と回答した企業の割合は92.4％と高かった一方で，「ネガティブな情報でも，求めれば隠すことなく開示してくれた」と回答した就活生の割合は59.4％にとどまった。この調査結果はなかなかに興味深い。1つの解釈としては，多くの企業が，自社の状況をありのままに伝えていた「つもり」であるにもかかわらず，就活生側にそう受け取られていないのかもしれない。就活生からの質問に対して，的外れの回答を行った，しかもそのことに気づかない企業が多いのかもしれない。情報共有や合意形成の可能性は企業次第ということだが，限られた機会での企業による十分な発信には，相当な困難がある。

　別の解釈も可能である。大半の企業が，自社の状況をありのままに伝えている。しかしこれは，あくまで「求められれば」である。同じ企業説明会に参加しているにもかかわらず，企業側に質問を重ねることで実態を知った就活生も，そうした積極的な行動を取らない就活生も，共に多くいるのである。この場合，情報共有や合意形成の可能性は就活生次第ということになる。自分が知りたいことは何で，それを具体的に受け取れているかどうか，就活生は情報への感度を高める必要がある。

　内閣府（2018）で示された主たる離職理由の1つに，「労働時間，休日，休暇の条件がよくなかったため」というものがあった。この種の問題の解決には，企業と就活生による，雇用関係が生じる前の時点での共通理解や合意の形成が必要だろう。「若い人間は何よりも仕事経験を優先すべき」という企業側の価値観，「仕事がしんどいのは嫌。なるだけ休みたい」という就活生側の勝手な期待は，率直な意見交換のために一旦棚上げにする必要がある。

　その他の離職理由として，「仕事が自分に合わなかったため」，「人間関係がよくなかったため」というものがあった。「自分にあった仕事」，「心地よい人間関係」の具体像は就活生一人ひとりにとって異なるものであるし，職務特性も人間

関係も，仕事ごと，職場ごとで異なってくる。そのため，雇用関係が生じる前に
これらの点でマッチングを形成することは極めて難しい。そもそも，在学中に専
門性を十分に蓄積せずに事務系総合職として入社する就活生に特に当てはまるが，
新入社員の職務や職場は，採用の段階で決定されないことが多い。入社の前にそ
れぞれの入社予定者の適性を見ながら職務内容や配属先を考えることも，職務内
容や職場環境の曖昧さから，存外に困難である。つまり，企業と新入社員の双方
にとっての情報の非対称性に由来する，雇用関係発生後の「想定外」は多分に避
けられない。

　ここで問題になるのが，実際に雇用関係が生じた後のマッチングの不備である。
もし，新入社員の実際の働きぶりや意欲を見て，企業側が彼らにより合った職務
や職場を提供することができたら，新入社員の不満は大いに減少するだろう。ま
た，不本意な状況に対して積極的に慣れていこうという新入社員の姿勢[20]があ
れば，企業側が取るべき対応は，新入社員の適応支援というところに限られてく
る。新入社員がキャリア上の困難を乗り越える過程（トランジッション。第3章
3-3参照）を企業として支援することも可能だろう。

　しかし，これらの実現も簡単なことではない。既存の人事慣行や，他の社員の
異動可能性を踏まえると，企業としては当該の新入社員の事情のみを考慮するわ
けにはいかない。少なくとも，問題に気づいた時点での即応は難しい。また，新
入社員の積極的な適応の成否は，入社前の時期に，自らのキャリアについての考
えをどれだけ深めつつ，経験の中で修正してきたかによる部分が大きい。彼らの
キャリアの「軸」は，その後の経験を通じて変容する，暫定的な仮説の域を出な
い（第3章**3-2**参照）。しかし，仮説の構築〜再構築に関する就活生の経験が十
分ではないことが多いのである。

　マイナビ（2021）によると，大学1，2年生のうち，大学卒業後に自分が就き
たい仕事・キャリアの方向性が「具体的に決まっている」および「どちらかとい
えば決まっている」と答えた割合は41.8％にとどまっており，半数以上が自分
の将来像を捉えきれていない。にもかかわらず，学生の大半が，学業終了後，即
座に就職することを強く志望している。日本の大学生の多くが，低学年の時点で
は半数以上が自分のキャリア・イメージについて不明確であるにもかかわらず，
その1〜2年後には，キャリア・デザインを急遽行い，就職という絶対目標に

向けた活動に自らを駆り立てることとなる。こうした急拵えのキャリアの「軸」が，積極的な状況適応を支える力になるとは限らない。

◉── 5-2　ミスマッチを防止する取り組み

企業と就活生は限られた機会の中でも一定の時間をかけてマッチングの最適化を図る必要があるが，マッチング精度の向上に向けた入社前の取り組みについて，いくつか紹介したい。マッチングに関わるプレイヤーとしては，企業や就活生以外の者も含まれる。

【職務別・職種別の採用】

企業側として，人員の補充を行いたい職務や職種，そこで業務に従事するために必要な要件をあらかじめ明記しておけば，就活生の側としては，入社後にどういう経験をすることになりそうか，どういう準備が必要か，そもそも自分がそこにエントリーすべきなのか，ある程度の見通しを立てることができる。文系学生にとっては身近な採用形態ではないが，特定領域での技術者や研究者としての経験を積むことがかなりの確率で見込まれる理系学生にとっては，比較的身近なものであろう。なお，多くの職種において，エントリーレベルの職務については労務経験は不問であることが多い。

【リファラル採用】

ベンチャー企業を中心に，近年広がりを見せている採用形態で，企業と就活生の情報の非対称性を是正するのに有効な採用手法である。「言及（refer）」という元の意味にあるように，リファラル採用とは，自社との適合性，自社にとっての必要性が高い人材，就活生を社員に紹介，推薦してもらう手法である。社員は，単に採用担当者に就活生を紹介するだけでなく，就活生の側にも自社の事業内容や企業風土を伝える。個人的な関係性の中でそういった伝達が行われるため，就活生による企業への理解，共感の度合いが高くなり，内定辞退や早期離職を低減させる効果が期待できる。

【第三者によるマッチング支援】

　企業のみならず，就活生も，マッチング精度を向上させる主体である。NPO法人「エンカレッジ」は，47都道府県72の大学に支部を置く，学生が運営主体となったキャリア支援団体である。各支部の運営者は計約2,500人で，2021年卒業の学生約43,000人が利用していた（2021年3月時点）。エンカレッジでは，就職活動を終えた学生が就職活動中の学生をサポートする体制をとっており，利用登録をした学生は，無料で1対1のキャリア面談を受けられる。その他にも，エントリーシート添削，模擬面接，自己分析といった選考対策，キャリア相談，協賛企業の社員との交流イベント，エントリーシートの閲覧，といったサービスがある。就活生にとっては，業界や企業のことを知るのみならず，就職活動の経験者をコーチやロールモデルとすることができる。

　就活生は，ともすれば広告で目にしたことのある企業，大企業，B2C企業へ関心が行きがちだが，知名度は低いものの彼らとの適合性が高い企業を多く見過ごしてしまっている可能性がある。マッチング向上のため，行政による支援も見られる。厚生労働省が実施主体となった「ユースエール認定制度」は，「若者の採用・育成に積極的で，若者の雇用管理の状況などが優良な中小企業を厚生労働大臣が認定する制度」であり，これらの企業の情報発信を後押しすることなどにより，企業と就活生のマッチング向上を図ることを目的としている。認定を受けた企業には，（1）ハローワーク等で重点的PRが実施できる，（2）認定企業限定の就職面接会に参加できる，（3）自社の商品，広告などに認定マークが使用できる，といったメリットがある。

【ソーシャルリクルーティング】

　どれだけマッチングの精度が上がったとしても，マッチングの頻度を増やさないと企業も就活生も望ましい成果が得られない。つまり，「採用母集団」の質のみならず，量の問題は，ある種の必要条件として，依然重要である。

　こうした課題への取り組みとして，「ソーシャルリクルーティング」がある。これは，Facebook，Twitter，LINEといったSNS，さらにはブログを活用した採用のことである。SNSの自社公式アカウントから求人情報や自社の魅力，社風などを発信し，就活生による企業認知，イメージ向上が進むことが目指され

ている[21]。若者の多くが SNS を活用している現状への対応ではあるが，ただで
さえ SNS には，「ありのままの事実」よりは「伝えたい事実」を脚色された形で
発信しやすい，という特徴がある。マッチングの精度を下げないためにも，企業
側には，発信方法の工夫や他の採用手法との併用について注意が必要となる。

▍6．オンラインコミュニケーションの論理

　コロナ禍での採用や就職活動の変化は，募集人員や選考時期の変化，そして選
考プロセスのオンライン化という形で端的に現れている。選考プロセスのオンラ
イン化に伴い，特に Zoom や Teams 等のビデオ会議ツールの普及が見られた[22]。
コミュニケーションのオンライン化については，多くの企業や就活生がメリット
を見出しつつ，それ以上に，当惑や不安，さらにはストレスを感じていた。

　オンラインコミュニケーションの実態，そのメリットとデメリットについては，
特にこの１年，様々な形で紹介されてきた。しかし，先行研究を踏まえた体系
的な紹介は，（特に日本では）必ずしも多くない。そこで以下では，なぜ人がオン
ラインコミュニケーションに利便性や違和感を覚えるのかについて，改めて振り
返りたい。オンラインコミュニケーションのうち，以下ではビデオ会議ツールを
介したやりとり，すなわち VMC（Video Mediated Communication）に特に着目
する。

　ビデオ会議，電話会議，チャット，電子メール，メモや手紙などの非対面コ
ミュニケーションでは，対面コミュニケーションと比べ，ジェスチャーや顔の表
情，あるいは物理的な存在感などの非言語的情報が十分に伝えられない（Baltes
et al., 2002）。人と人の間で交わされる情報量が少ないわけだが，にもかかわらず，
非対面コミュニケーションの一種である VMC は，それに従事する人々に，対面
コミュニケーション以上の認知上の負荷をかけてしまう（Storck, 1995）。どれほ
ど高性能の機器を用いても映像や音声の不自然さは残るし，発話のきっかけや応
答のタイミング，会話のペースを図るのは難しく，相手に対する自分の映り方は
常に気になる。人と人の間の情報のやり取りの中で様々なノイズ，すなわち不要

な情報が発生してしまい，人々を混乱させてしまうのである。

　こうした VMC をなんとかやり遂げるため，人々は場当たり的な情報処理を頻繁に行う。Ferran and Watts（2008）によると，対面コミュニケーションの参加者は話題提供者の好ましさよりも議論の質を重視するのに対し，VMC の参加者では全く逆の傾向が生じた。ノイズの多さから，議論の質の評価まで行いきれないのである。つまり，VMC に従事する人は，情報不足と認知上の負荷に起因する，偏見や判断ミスをしやすい。議論の内容が高度であるほどこの欠点は決定的なものとなるだろうし，様々な判断を要するという意味において面接選考が高度な議論であることは言うまでもない。見た目や声の大きさなどから受ける「第一印象」に流されないよう，採用担当者は戒める必要がある。

　ただし，VMC がすべての面で対面コミュニケーションに劣るというわけではない。まず，対面コミュニケーションにおいては，得られる情報量が多すぎることで，採用担当者はかえって判断を誤る場合がある。「雰囲気」という言葉で語られがちな就活生の非定型的，非言語的情報になんとなく流されてしまい，就活生の能力や企業との適性を慎重に見極められなくなることすらある（Stone et al., 2013）。本来の判断基準に集中しきれないという点で，VMC と対面コミュニケーションは，実は「五十歩百歩」なのかもしれない。

　また，VMC の導入により，採用担当者の活動における時間的または空間的な制約がなくなり，結果として採用担当者同士のコミュニケーションや，採用担当者と就活生のコミュニケーションがより豊かなものになり，選考プロセスの有効性が高まる可能性がある。就活生の側も，VMC を利用できるからこそアクセスできる企業が増えることで，自らとの適合性が高い，あるいは自らを素直に表現しやすい企業や職務に出会う可能性が生じる（Lievens and Harris, 2003）。つまり，VMC の技術的特徴に根ざした効果が，技術面でのデメリットを補完する可能性がある。メリットとデメリットの差し引きを，採用担当者は強く意識すべきであろう。また，今後の実践と研究が期待されるところではあるが，データとして保存可能な VMC が，採用担当者と就活生の双方のコミュニケーション・スキルの向上を促す可能性がある。

　VMC は対面コミュニケーションよりも定型化が進めやすいわけだが，定型化には一定の効果が期待できる。Chapman and Rowe（2002）によると，オンラ

イン状況では面接を構造化した方が企業の魅力と面接官評価の向上に繋がるが，対面状況ではその逆になる。伊達（2021）は，こうした見地に基づき，（1）求める人物像の特定，（2）質問の固定化，（3）詳細な質問内容の特定，（4）評価基準の特定が，採用選考時のVMCでは必要と提言している。また，Konradt et al.（2013）によると，すでに妥当性が確認された選考手順やツールを用いること，さらには異なる応募者に同一の選考手順やツールを用いることが，選考プロセスに対する応募者の公正感に繋がる。公正感は，エントリー企業に貢献したい思い，周囲の人にその企業への入社を勧める意欲，もし選考されなかった場合でも将来再度その企業にエントリーする希望，のそれぞれを高める。

　さらには，募集する側と求職者側が，VMCを適切に使いこなすことも，その有効性の向上に繋がる。Sylva and Mol（2009）によると，求職者のインターネット慣れと，ウェブサイトのデザインの質が，オンライン選考への求職者の満足度を高める。ウェブサイトの質は，内容や使いやすさ，システムの速さ，求職者ごとのカスタマイズ可能性が関わってくる（McCarthey et al., 2017）。また，すでに紹介したKonradt et al.（2013）によると，公式的手続きの整備と同等かそれ以上に，「求職者に敬意と温かみを持って接する」，「求職者に十分な情報と質問機会を与える」，「求職者のプライバシーを害するような質問をしない」といった対人関係上の配慮を企業が行うことが，求職者による選考プロセスへの公正感に繋がる。

　今後VMCがどう進化し，採用／就職活動にどう利用されるか，現時点では確かなことは言えない。ただ，将来のトレンドとしてよく言われるのが，対面コミュニケーションとVMCの使い分け，組み合わせである。これらを進める第一歩として，VMCの特徴，強みや弱みを，対面コミュニケーションとの比較のうえで，正確に理解したい。

(1) 本章の執筆は，編著者のほか，6人の学生調査メンバー（新井亮介，加藤大一，薗田竜弥，髙岡瞳，古田優季，渡辺夢芽）が担当した。
(2) インターンシップや企業説明会への参加を，選考に進む条件として就活生に課す企業もある。

(3) この調査においては，上位校を「GMARCH・関関同立以上」と定義している。入学試験の難易度に着目していると考えられる。

(4) ディスコ（2019）によると，「自己PR動画」の提出を求められたのは約3割（31.3%）で，実際に応じた学生は約2割（23.2%）であった。

(5) ディスコ（2019）によると，「録画面接」を求められた経験，受験した経験ともに1割台（それぞれ16.4%，13.6%）であった。「ウェブ面接」については，それぞれ2割前後だった（22.8%，19.7%）。

(6) より正確には，10月1日に企業から内定通知を発出することに関する内定通知である。「内々定通知」が正確な表現であるが，企業側も就活生側もほぼ同義のものとして捉えている。以下，本書でも，「内定」という言葉を，内々定を含むものとして用いる。

(7) マイナビ（2018b）によると，企業による主な内定辞退対策として，1位：懇親会の開催（65.0%），2位：誓約書の提出（52.7%），3位：人事担当者との面談（41.6%），がある。

(8) Huffcutt et al.（2001）は，先行研究が示してきた多くの面接選考時の評価基準の内容を検討し，それらは「知的能力」，「職業上の知識・スキル」，「性格特性」，「社会的スキル」，「興味・志向」，「組織への適合」，「身体的特徴」の7種類に集約できるとした。

(9) 以下の記述は，服部（2016）には基づいておらず，筆者ら独自の見解である。

(10) 3つの内省を通じて，キャリア・アンカーは，①専門職能別能力，②経営管理能力，③自立・独立，④保障・安定，⑤起業家的創造性，⑥奉仕・社会貢献，⑦純粋挑戦，⑧生活様式，の8つの軸において多様なものとなる。どれか1つだけが選ばれるとは限らない。

(11) 平尾（2019）は，大学におけるキャリア教育が受講生のキャリア意識の向上と正の相関関係があることを明らかにしており，そのことが受講生の内定獲得率の上昇や早期離職率の低下に繋がる可能性を示唆している。また，溝口・溝上（2020）は，ロールモデルを持っている人の方が持っていない人よりもキャリアにおける決断が効果的となることを明らかにしている。

(12) 中核としたのは，パートや契約社員に対する雇用―人事管理，あるいは派遣社員や請負社員が担う委託業務の領域が，中核と補完的な周辺として存在し，そのことが日本企業の成立を支えてきたからである。本書の検討範囲から外れるが，周辺の雇用―人事管理は，中核のそれとは様相を大きく異にする。なお，「日本の」と一言で言っても，それを最も忠実に体現するのは大規模製造業である。中小企業，非製造業，外資系企業，ベンチャー企業などで実践されるものも含めると，日本の人事管理はそれなりに多様である。

(13) 同じ学歴での学校間格差が解消されたと言われることが多いが，田口・大島（2019）のような丹念な事例研究の結果によると，「解消」ではなく「縮小」が正確な表現である。

(14) この時期,「就職情報産業」も生まれた。特に,1962年に発刊され,以降毎年刊行された大学新卒者向けの求人情報誌『企業への招待(後のリクルートブック)』は,統一的なフォーマットで採用情報や連絡先が企業ごとに記され,就活生が訪問先を選ぶ材料となった。この冊子では「就職先を自分の意思で選ぶ」という価値観を打ち出し,就職協定に則さない就職活動に拍車を掛けた。この流れを汲むのが,今日の代表的な就活サイトの1つである「リクナビ(1996年〜。当初の名称はRB on the NET)」である。

(15) リクルートワークス研究所による。「求人総数/民間企業就職希望者数」の値。

(16) マイナビ(2020f)によると,2004〜2006年に就職活動を行った就活生の平均エントリー数は90を越えている。

(17) 2018年に日本経団連が「採用選考に関する指針」を廃止して以降,採用,就職活動の完全な自由化を抑止するため,政府による介入が行われることとなった。

(18) マイナビ(2020f)によると,近年のピークだった15年卒の92.5%から,20卒は24.1%に,21卒は21.6%に減少している。

(19) 厚生労働省調べ(「新規学卒者の離職状況」)。

(20) これを説明する概念に「キャリア・レジリエンス」がある。レジリエンスとは,「逆境,対立,失敗,さらには前向きな出来事である進歩や責任の増大といったことから立ち直る能力」である。キャリア・レジリエンスは,企業の命じるところに受動的に従うことを意味するのではなく,組織とのより良い関係を通じた自律的なキャリア形成のための意思や実践を指す(Luthans et al., 2015)。

(21) マイナビ(2020b)では,Facebook 上でライブセミナーを開催してリアルタイムでの質疑応答を実施した企業や,Twitter で採用担当のアカウントを開設し,採用情報に加えて企業情報や社員紹介,イベント情報を発信する企業,Instagram で社員の人柄や社風が伝わるような投稿をする企業が紹介されている。

(22) 採用/就職活動におけるオンライン化自体は,コロナ禍以前からも存在している。企業側は,ナビサイト等での企業情報の公開,ビデオ会議ツールを使った遠隔地の応募者との面接などを行ってきた。また,求職者側も,ナビサイトを活用した企業情報の収集やエントリー,LinkedIn 等の SNS を用いたエントリー候補企業の探索や自己アピールを行ってきた。

第 3 章　コロナ禍の採用⑴

1．はじめに

　この章では，まず，コロナ禍により，採用を構成する「募集 → 選考 → 内定者フォロー」という各段階でどのような変化が生じ，何が保持されたのかを，複数企業の人事担当者（主として採用担当者）へのインタビュー調査をもとに紹介する。そのうえで，それらの取り組みの合理性を，採用が果たすべき，（1）引きつけ（attraction），（2）選抜（selection），（3）保持（retention），（4）育成（development），という4つの機能の充足という観点から検討する。

　一連の検討を通じ，新たな採用環境下で就職活動を行う学生（以下，就活生）とのマッチングのために企業に求められることを示す。結論を先取りすると，コロナ禍の採用において，企業は人材像，就活生の採用基準を変えていない。積極性や協調性，あるいは自社との適合性といった，多分に曖昧な要素が重んじられている。ただ，そうした評価基準に則して就活生と接するための手法が，オンライン化を中心に変化した。上記のような非言語的情報の交換はオンラインコミュニケーションにおいては困難になることが多くの先行研究では示されてきた（第2章2-6参照）が，コロナ禍に直面する日本企業の採用担当者の見解も，それを裏づける。オンラインコミュニケーションの弱みをカバーするため，対面コミュニケーションとの組み合わせや，オンラインコミュニケーションの実施面での工夫が見られたのである。

2．調査概要

◉── 2-1　調査対象

　21卒採用を行った企業14社を対象に，2020年11月から12月にかけてインタ

表3-1 調査対象企業

企業	業界	設立年	調査協力者の職務と人数		調査時期	インタビュー時間
L1	サービス	1990年代	採用担当者	2名	11月	57分
L2	小売	2000年代	採用担当者	1名	11月	76分
L3	サービス	1990年代	採用担当者	2名	12月	69分
L4	電機	1920年代	採用担当者	1名	12月	55分
L5	商社	1950年代	採用担当者	1名	12月	79分
M1	建設	1910年代	採用担当者	1名	11月	42分
M2	機械	1920年代	採用担当者 2名 人事担当者（非採用）	1名	12月	81分
M3	情報	1970年代	人事担当者（非採用）	1名	12月	78分
M4	小売	1970年代	採用担当者	1名	12月	76分
M5	コンサルティング	2000年代	採用担当者	1名	12月	69分
S1	人材	2000年代	採用担当者	1名	11月	41分
S2	情報	2010年代	採用担当者	1名	12月	66分
F1	消費財	1930年代 （日本進出は1960年代）	採用担当者	1名	11月	55分
F2	情報	1990年代 （日本進出は2000年代）	採用担当者	1名	11月	81分

備考1：企業名について，Lは大手企業（5,000人以上），Mは準大手企業（500〜5,000人），Sは中小規模企業（500人未満），そしてFは外資系企業を表す。

備考2：外資系企業（F）の企業規模は，グローバルで見た場合には大手企業（L）に相当する。

備考3：調査時期はすべて2020年である。ただし，インタビュー内容についてのメール等での追加質問の日時はその限りではない。

ビュー調査を実施した（**表3-1**）。14の企業を代表する調査協力者は，（1）学生調査チームの知人，（2）学生調査チームの知人から調査協力を依頼された同僚，（3）筆者の知人，（4）筆者の知人（人事専門職）から調査協力を依頼された同僚，のいずれかであった。

　調査の経緯や調査協力企業の一覧からも明らかだが，この調査からは，日本企業の採用におけるコロナ禍への対応について，一般的に当てはまる「解」を示すものではない。しかし，それでもなお，これらの企業の取り組みは多分に先進的，

あるいは熟慮された堅実なものであり，紹介に値すると，我々は理解した。「何が（what）」，「どのように（how）」，「なぜ（why）」という点での新規性の高い取り組みを，社会的意義という観点から抽出し，紹介することが目的であるため，サンプルに偏りが生じることは避けられない（野村，2017）[2]。もっとも，たとえ局所的，断片的な発見事実であったとしても，「使用上の注意点」を読者が意識すれば，そこから何かを学び，活かすことができる。

　まず，繰り返しにはなるが，読者は，以下で紹介する取り組みについて，すでに社会で広く普及しており，自社でもすぐに活用できるものと受け取ってはならない。14の調査協力企業においては，大企業および情報系企業が占める割合が日本の実情と比べて多めになっている。一般的に，採用に関する紹介事例の多くが大企業によるものだが，保有する経営資源や直面する制約が大企業と異なる中小企業が同様のことをしている，あるいはできるとは限らない。また，情報系企業は，その多くが創業年数は長くないこともあり，採用においても挑戦的な取り組みを行い，結果として名声を博することが多い。創業以来の成長を経て，業界大手と呼ばれるに至った企業の場合，尚更である。そのため，こうした取り組みを他の業界の企業，あるいは創業年数が長いうえに経営上の柔軟性を欠いた企業が行っている，あるいはできるとは限らない。

　そもそも，以下で紹介する事例から，普遍的な合理性や非合理性を読み取ってはならない。ある取り組みの是非を比較する際によく用いられるのが比較である。比較研究においては，ある取り組みを行っているグループと行っていないグループを比較し，前者の方がより好ましい傾向を示していれば，その取り組みは価値があるとする。実験をはじめとする計量的な調査の基盤となる考え方であるが，定性的な比較事例研究でもよく用いられる考え方である（野村，2017）。ただし本書では，各企業での採用上の取り組みが他の調査協力企業のうちどの程度で行われているか，企業間での採用のあり方の違いがどのような背景から生じているのか，そうした違いがどのような結果の違いに至るか，といった厳密な比較検討は行っていない。

　さらには，コロナ禍に対応するために昨今の企業が行ってきた採用面での変化は，多分に応急措置的なものである。そのため，取り組みそのものの合理性や非合理性を，各企業の視点を超えた普遍的な観点から論じることは難しい。また，

各企業にとって今は合理的な取り組みも，今後数年間でさらに別の形に変化するだろう。移り変わる応急措置の数々が企業や就活生に何をもたらすかは，今後徐々に明らかになろう。

結局，採用における緊急的対応の合理性，つまり読者が学ぶべき点は，以下の観点から問われ，見出されなければならない。各企業の一連の活動がいかに果断に富んだものであったか。果断な活動の背景に，企業や採用担当者のどのような意図や実行手順があったか。目先の対応を行いつつ将来に向けた対策を，どのように講じているか。

「何をしているか」ではなく，「なぜ，どう行っているか」にこそ，コロナ禍での採用の合理性の根拠がある。企業の実行力は，コロナ禍で急に向上，覚醒したわけではないだろう。継続的に培ってきた実行力が，コロナ禍のような突発的な事態における新規性に富み，かつ積極的な対応の素地となるのである。

◉──── 2-2　調査方法

調査協力者による語りの数々が，インタビュー調査を通じて得られるデータとなる。それらは，彼ら彼女らが関わる個人や集団によって創出される様々な活動に関するものである。そうした定性的な情報は調査協力者にとっては当事者性を持つものであるが，筆者のような「外部者」にとってはそうではない。そのため本書では，しばしば主観的な語りの特異性を尊重しつつも，必要に応じてより一般的な言語との対応を示したり，置き換えたりした。「一般的な言語」とは，幅広い人々に用いられる言語のほか，理論化／概念化された抽象度がより高い言語を指す。

すべてのインタビューは2～3人の学生調査メンバーにより行われたが，約半数については編著者も調査者として参加した。インタビューは，（1）新型コロナウイルス感染症の拡大防止対策の必要性，（2）調査協力者の所在地と調査メンバーの所在地の物理的な隔たり[3]，を考慮してすべてオンライン（ビデオ会議）で実施した。

主な質問内容は，（1）企業の事業や人事管理の方針，（2）就活生との接点の形成，（3）面接などの選考，（4）内定を出した後のフォロー，（5）今後の採用，

であった。実際のインタビューに先んじて，これらの項目と各項目に関連して聞き取りたい，より詳細な事項をリストアップした書類を調査協力者に電子メールで送付した。

　限られた時間の中で聞き取りを行うにあたっては，上記項目に即した具体的な質問について，調査協力者の回答内容に応じて，適宜設け直すことを心がけた。我々の当初の質問内容が調査協力者にとって不明確であった場合には，別の聞き方を行ったり，調査協力者の回答を踏まえてその内容に関連した，そのインタビューのみで用いられる質問を発したりした。質問の内容は常に特定の順番で調査者から発せられたわけではなく，インタビュー時の会話の流れ次第で，調査者からの問いかけがないにもかかわらず，調査協力者の方から先に答えてもらうこともあった。

　こうした手法は「半構造化インタビュー」と呼ばれることが多い。半構造化インタビューの他の社会調査の方法としては，質問票調査（サーベイ調査）に代表される種々の定量的調査や，一問一答方式の構造化インタビューもある。しかし，それらの手法は調査協力者が事前に設定した調査枠組みに合った情報を調査協力者から引き出す形を取るため，そもそも調査を行う側が想定していなかった事象が存在することへの気づきの機会や，自明視していた視点を修正する機会を得にくくなってしまう。

　本書は，コロナ禍での採用／就職活動のように，過去の常識とは異なる事実が日々生まれる事態に関するものである。そこでは，我々があらかじめ想定していなかった事実や，事実に対する調査協力者や彼らの所属企業の見解や意図を，データとして収集することが欠かせなくなる。我々にとって既知の社会的事実の存在を確認するのに加え，未知のそれを探索・発見するため，半構造化インタビューという手法を採用した[4]。

　実際にインタビューが行われる直前に，調査者から調査協力者に対し，録音の可否を尋ね，一部の例外を除いて録音の許可を得た。また，調査協力者の個人や所属企業が特定されないよう，公開される研究成果においてはマスキング処理（仮名の使用）を行った。インタビュー結果を分析する過程で出た新たな疑問点については，電子メール上で質問を行った。さらには，研究成果を本書にまとめる際，我々から調査協力者に対して，各人の語った内容が本書中で正確に紹介され

ているか，あるいはその内容が公開可能なものかを確認し，必要に応じて内容を修正することを依頼した。

◉──2-3　分析方法

　半構造化インタビューで得られた定性的なデータを分析するに当たり，本研究ではKJ法（川喜田，1967）を参照した。KJ法は，フィールド調査における，主として既存の知識体系から見て未知の事柄を発見し，理解するための観察行為，そして観察結果の整理を体系的に行うために編み出された手法である。学術界のみならず，むしろ学術界以上に，実務界でも実用性の高いブレインストーミング手法として，登場から半世紀以上を経た今日でも広く利用されている[5]。

　本研究では，具体的には，以下のようなデータ分析手順を採用した。ここでは，14の調査協力企業の情報を一まとめにしている（川喜田，1967）[6]。

1．カードづくり：14のインタビュー調査の逐語録や，インタビュー時あるいはその後に作成したメモから，研究課題の解明に関連すると思われるテキスト（語句や文章）を見出し，それらを内容ごとにカードに書き出した。こうした「情報ユニット」作成の作業は，実際のカード（紙片）ではなく，表計算ソフト（Microsoft Excel）上で行われた。

2．グルーピング：1つひとつの情報ユニットの内容を検討し，類似していると判断されたものを1つのグループにまとめ，いくつかのグループを形成した。それぞれのグループを対象に，同様のグループ間比較を行い，内容の類似性に応じて大グループを形成した。

3．表札づくり：もともとの情報ユニットに含まれるインタビュー時に示された各調査協力企業の特徴を意識し，分析担当者によるインタビュー経験の想起可能性を確保しながら，1つひとつのグループに簡潔な言葉で名前を付けた。

4．配置：表札をつけたグループ1つひとつの関連性を分析した。関連していると思われるグループは近く，違うグループは遠くなるように，PC上の白地に，1つひとつのカードを配置した。グループ（カード）間の距離

を設ける際には，それぞれのグループについて，採用に関する実際の取り組み，その背景にある要因，取り組みの帰結のいずれに該当するのか，どのような時間的順序関係にあるのか，といったことを考察した。

5．関連付け：配置の作業の延長線上で，それぞれのグループを，「→（因果関係）」，「↔（対立関係）」，「⇄（相関関係）」などの記号を用いてつないだ。

6．ストーリーテリング：示された論理的関係をもとに，文章を作成した。

　なお，本章の分析では，採用の成り立ちを，（1）募集，（2）選考，（3）内定後のフォロー，という時系列に即した3つに分けた。各段階について，上述の手順に沿った分析を行う主担当者を，採用に関する調査に関わる3名の学生メンバーから1人ずつ割り当てた。分析や記述の妥当性は，適宜，編著者も参加した。しかし原則としては学生メンバー同士のやりとりを通じて高めていった。

3．募集

　企業からの募集を行う際には，企業の現状と方向性，それらを踏まえた人材像を幅広い求職者に向けて発信し，1対1で対話する機会がある時にはそれを直接伝えることが必要となる。そうすることで，企業として，一定以上の量と質が確保された就活生集団との関係づくり，いわゆる「母集団形成」が可能になるからである。企業により発信される情報には，雇用条件等の採用情報，自社の魅力や働き方，あるいは企業の目標や願望のみならず，一部の就活生からは否定的に受け取られかねない企業の実情も含まれる。募集の段階で企業が達成すべきことは，就活生に対して，自社との適合性についての現実的な理解，さらには好意を持ってもらうことである。

　21卒採用と20卒採用の募集段階での違いはどこにあるのだろうか。また，コロナ禍の影響が現れ出した2020年の春，21卒採用はどう「ギアチェンジ」したのだろうか。インタビュー調査を通じて得られた，コロナ禍における募集に関する情報は，（1）従来の取り組みの廃止，（2）従来の取り組みの存続，（3）新規

表3-2　募集に関する発見事実

グループ	ユニット（個別の発見事実）
従来の取り組みの廃止	対面機会の削減
従来の取り組みの存続	活動目的
	自社情報の伝達
	自社の魅力の伝達
	就活生の情報やニーズの収集
	早期離職の予防
新規の取り組みの開始	広報のオンライン化
	発信機会の増加
	伝達情報の追加
	就活生の情報やニーズを収集する経路の増加
	就活生の主体性を促すイベント設計

の取り組みの開始，にグループ分けされた（**表3-2**）。

◉───3-1　従来の取り組みの廃止

　コロナ禍のもとでの募集で廃止したものとしては，**【対面機会の削減】**が挙げられる。廃止したものは対面機会だけであり，基本的な募集の手順は変わらずにオンラインに移行した。

【対面機会の削減】
　2020年3月以降に開催予定であった合同での企業説明会，自社のみでの企業説明会，インターンシップなどのイベントは，コロナ禍の発生に伴い対面での実施が中止，または延期になった。調査協力企業の中でも，対面実施にこだわったM4社を除く14社中13社が，広報の実施方法を，対面ではなくオンラインに変更した。

◉── 3-2　従来の取り組みの存続

　コロナ禍での募集において存続されたものとして，**【自社情報の伝達】**，**【自社の魅力の伝達】**，**【就活生の情報やニーズの収集】**，**【早期離職の予防】**が挙げられた。募集の手順や大枠は従来と基本的には変わっておらず，多くの取り組みが存続された。これは，コロナ禍という緊急事態になす術もなく，従来の取り組みを継続するしかなかった，ということではない。コロナ禍の有無に関係なく，企業としてなすべきことを従来と同様にあるいは従来以上に実施すべきという，企業の判断が存在する（**【活動目的】**）。

【活動目的】

　M4社は，採用のオンライン化を検討しつつも，実際には行わず，緊急事態宣言が発令されている時期（2020年4～5月）は採用プロセス自体を中断させた。そして，宣言が解除され，事態が落ち着いたと判断された6月に入り，万全の感染防止対策をとったうえで，対面形式で活動を再開させた。この背景には，インターンシップや企業説明会は就活生に対する職業教育の手段であり，自社アピールの機会にしない，という以前からの考えがあった。この考えをコロナ禍でも維持するという方針を踏まえ，伝達効率の観点から，対面での実施にこだわっていた。就活生からは，「オンラインが増える中で対面での参加ができてよかった」といった好意的な反応があり，自社イベントへの参加を予約した就活生は，実際にほとんど参加した。

【自社情報の伝達】

　企業の事業内容，業界の特徴，経営理念，採用情報，社員の働き方が，主な伝達内容であり，この点については14企業で大差はなかった。ただし，企業ごとの採用課題や目的に応じ，強調される情報は異なった。

　例えば，就活生とのマッチングを高めたいL3社やS2社は，ベンチャー企業の仕事の厳しさや業務の難度といった，就活生が否定的に受け止めかねない情報も積極的に伝えてきた。経営理念に共感する就活生を求めるL2社やS2社は，企業

説明会で理念や価値観を意識して伝えてきた。また，L1社は，自社の事業の幅が広く「○○業界」というラベリングが難しいうえに，自由な社風から誤った社員像を就活生に持たれることが多いため，本来は社風に合うはずの就活生が応募してくれないという課題意識を持っていた。そのため同社は，社員が就活生の評価者になるのではなく，就活生に交じって共に活動するインターンシップを開催した。近年のM5社では，募集媒体をコンサルタント系の企業を志望している就活生を対象とした媒体に絞ってきた。募集の段階から「採用母集団」の範囲を絞り，かつ明確化することで，業界説明を省くことができるためである。業界内の他社との違いなど，自社の説明に多くの時間が割くことができるため，21卒採用でも継続した。

　S2社でも，募集媒体をベンチャー志向のある就活生に向けたものに絞り，応募媒体もリクナビやマイナビではなく，Wantedly や LINE に絞っていた。従来のS2社は，創業して間もなく知名度もないことから，DM を送る，企業説明会の前段階で「社会人と話す，お茶をする」ことを目的としたカジュアルなイベントを開催する，スカウトする，といった形で就活生にアプローチしてきた。しかし，明確な効果はなく，スタートアップ企業やベンチャー企業を志向する就活生に対象を絞ってメッセージを発信する方が，彼らによる自己選別が行われ，募集効率が向上すると判断された。

　このように，企業からの情報伝達を通じて，就活生の引きつけと選抜の双方が行われるわけだが，情報伝達が持つ機能はそれらにとどまらない。一部企業は，自社に向く人材，あるいは有能な社会人として就活生が成長できるような支援を行おうとしている。例えば，小売業のM4社では，自社のインターンシップについて，広報ではなく職業教育という定義をしており，MD（マーチャンダイザー）体験を丸一日掛けて行ってきた。同社の採用担当者によると，半日程度のコンテンツでは職業教育として十分ではない。また，F2社の，インターンシップでは，参加する就活生の評価は行われなかった。そこには，インターンシップを純粋に楽しんでほしい，聞きたいことは何でも聞いてほしい，という就活生に向けた企業側の思いがあり，一連のスタンスを就活生にも伝えてきた。L2社は企業説明会で理念や価値観の伝達に力点を置いてきたが，それは，接客業や小売業で働くうえでは「お客様のために」という気持ちを強く持つことが必要になるためであ

る。

【自社の魅力の伝達】

　選考にエントリーする就活生の数を増やすことに従来どおり注力する企業も多く見られた。例えばM1社は，就活生が和気あいあいとした雰囲気で社員と話せる機会を設けた。F1社は，就活生に自社の魅力を伝えるだけでなく，社会で働く時に活かせるようなキャリアの話や，社員から見て就活生がどう見えるのかといった話をし，会社やキャリアについてポジティブな気持ちになってもらうようにした。また，オンラインという特性を生かし，従来よりも様々な職種，勤務地（海外も含む），職場環境（育児との両立を含む）の社員と就活生が交流できる機会を設けた。

　懇親会に力点を置くM2社の採用担当者の言を借りると，こうした取り組みは，「人材獲得競争」を勝ち抜くために必要な措置である。もちろん，これらの企業が就活生とのマッチングを気にしていないということではない。エントリーの母数を増やすことが，最終的なマッチングのためにまず必要だと考えられている。

【就活生の情報やニーズの収集】

　就活生の情報やニーズの収集は，コロナ禍においても以前と同様に進められた。主な収集経路は，就活生との直接の接点であった。21卒についての情報を集めるため，21卒向けのインターンシップや企業説明会への参加者向けにサーベイを行う，インターンシップの合間に参加者に直接聞く，などがなされた。他には，就活サイトの担当者，あるいは新入社員に聞くという回答も見られた。20卒採用の際に収集された情報も活かされた。

　就活生のニーズを就活サイトの担当者や新入社員に聞く理由として，以下が挙げられた。就活サイトの担当者からは，客観的な視点からの情報交換ができる。また，新入社員は，就職活動時に抱いていたニーズや基本的な気質に関し，21卒と近い感覚を持っていることが期待できる。情報源が異なれば情報の質が異なってくる。サーベイ調査や就活サイトの担当者からは，その年の就活生の特徴やニーズ，他社の状況といった全体的な情報が得られる。その反面，就活生に直接コミュニケーションとることで，彼らの選考状況や悩みといった，断片的だが

生々しい情報が得られる。

【早期離職の予防】

　採用／育成コストを掛けた若手社員が入社後間もない時期に辞めてしまうことを多くの企業が懸念しており，就活生と自社のマッチングを高めるために様々な工夫を行ってきた。例えばL2社やS1社は，企業説明会で経営理念を説明し，理念に共感する就活生を採用しようとした。S2社では，仕事上の多くの責任が求められる，自分のスキルの限界にたびたび直面する，といったベンチャー企業ならではの困難を就活生に伝え，自社への入社意欲を募集の段階で就活生自身に確認させた。L3社のリクルーターも，自社の魅力ややりがいだけでなく，社会人の一日の流れや連絡や仕事の進め方といった具体的な情報の他，仕事をするうえで自身が直面する挑戦や困難についても本音で伝えるように心掛けていた。また，M1社では，同じ業界の他社との比較をしっかり伝えることが，マッチング向上のための重要な施策とされていた。

　L1社は，自社の正しい情報や雰囲気を知ってもらうため，2018年から選考にインターンシップを必須化している。就活生が企業の魅力だけでなく仕事の厳しさや実態も知ることで，そこで働くことについて納得できる企業にのみエントリーすることに繋がる。現実的な情報について，採用担当者の側から率先して話すのではなく，就活生から質問があった場合に丁寧に説明する，といった工夫も見られた（M3社）。

◉── 3-3　新規の取り組みの開始

　コロナ禍での募集において新たに実施された施策として，【広報のオンライン化】，【発信機会の増加】，【伝達情報の追加】，【就活生の情報やニーズを収集する経路の増加】，【就活生の主体性を促すイベント設計】が挙げられる。これらのうち，【発信機会の増加】，【就活生の主体性を促すイベント設計】は，【広報のオンライン化】に派生して生じた。コロナ禍の元での新規の取り組みは，従来からの採用目的のもと，就活生にできるだけ多くの情報を届けること，やりとりの双方向性の確保，という点に集約される。

【広報のオンライン化】

　コロナ禍により対面での広報ができなくなり，オンライン説明会やセミナーなどが行われるようになった。採用担当者にとっては，会場への移動や，会場の設営，就活生の誘導，配布資料の準備などの手間を省けるようになった。採用担当者の業務の軸足は，画面上で順調に進行できるような発表準備や通信環境整備，オンライン会場のURLや各種資料を就活生に伝達することに移った。

　企業説明会やインターンシップがオンライン化しても，内容は従来と変わらないことが多かった。また，従来からオンライン説明会やセミナーを行っていた，21卒採用からのオンライン化をコロナ禍の前から予定していた，という企業もあった。例えばL2社は，5年ほど前からオンラインセミナーを行ってきた。同社の小売店舗は全国に点在しており，本社から遠方に居住する就活生にもセミナーに参加してもらうためであった。当初から2020年にはオンラインイベントを実施する予定であったF2社は，定員を設けずできるだけ多くの就活生に参加してもらうことを望んでいた。

　オンライン化によるメリットとして，就活生による自社への理解が深まった，自社と就活生のマッチングが高まった，といったことが挙げられた。これらを挙げた企業は，自社イメージが正確に浸透しないことに起因する就活生とのミスマッチを，従来からの課題として認識していた。そして，オンライン化に伴うイベント内容や発信情報の改善を通じて，課題解決を目指していた。L1社のインターンシップにおける社員も混じったワーク時間の増加，S2社におけるベンチャー志望の就活生に的を絞った「採用母集団」の形成は，いずれもオンライン化によって実施やすくなったことである。いずれの事例も，自社の課題を踏まえた，コロナ禍とは無関係のものであり，今後も継続される予定である。

【発信機会の増加】

　21卒採用においては，自社主催の企業説明会やセミナーの開催回数，複数企業が合同で行うイベントへの参加回数を増やす，といったことが多く見られた。就活生が自社の情報を得ることがオンライン化により困難になるという想定に立った取り組みである。

　さらには，SNSの積極的な利用も見られた。例えばL3社は，発信機会を強化

するため，Twitter を新たな発信媒体として採用し，週に1度，特定の日に新しい情報を発信するようにした。具体的には，「#L3（＝社名）」，「#21卒」，「# 就活」といったハッシュタグをつけ，社員の一日に密着した動画，リクルーターによる自己分析や企業分析の仕方についての解説，さらには採用情報などを発信した。

【伝達情報の追加】

　従来，就活生への伝達情報として，企業の事業内容，業界の特徴，経営理念，採用情報，社員の働き方が主に見られた。しかし，2020年の募集においては，それらに加え，コロナ禍に関する情報を就活生に伝える企業が多く見られた。特に，自社の事業への影響，リモートワーク（在宅勤務）や時差勤務の推奨といった働き方の変化が挙げられる。例えばL3社は，オンラインの自社イベントで，社内で実際に行われているストレッチ（体操）を紹介し，イベントに参加する就活生と社員が一緒にストレッチを行った。L2社は，就活生が後からネガティブな印象を持たないよう，すでに例示したような現実的な情報の開示をより心掛けるようになった。

【就活生の情報やニーズを収集する経路の増加】

　コロナ禍での採用においては，就活生との対面での接点が減るため，就活生についての情報が減る，得にくくなると，企業側は認識していた。就活生の情報やニーズの収集経路については，従来，就活生にアンケートをとる，就活生に直接聞く，就活サイトの担当者や新入社員に聞く，といった方法がとられていた（3-2参照）。コロナ禍においては，それらに加え，企業説明会や選考において就活生からの質問の時間を増やした企業が多く見られた。この取り組みは，得にくくなった就活生の情報を企業側が少しでも多く得るためだけになされたのではない。就活生側の自社情報を得にくくなっていることに伴う不安を少しでも解消してもらおうという企業側の配慮もあった。

【就活生の主体性を促すイベント設計】

　オンラインという環境では，対面と比べて就活生が受け身になることが多い。

そこで，就活生が受け身になりすぎないような工夫が，一部企業で見られた。例えばL5社では，就活生と企業が双方向でやりとりできるようにするため，就活生に対して「インタラクティブにやりましょう」という声掛けを積極的に行った。さらに，L1社では，インターンシップの最中に，オンラインでも盛り上がるためのアイデアを就活生から募集し，出たアイデアをインターンシップ中に参加者全員で実行した。

4．選考

選考とは，求職者を様々な手法を用いてふるいに掛け，自社との適合性が高いと思われる求職者を決定する活動である。求職者を選考する手法としては，エントリーシートの内容や筆記試験や性格診断の客観データについての判定の他，面接やグループディスカッションがあり，それらを組み合わせた総合的判断が行われる。

新卒採用における採用基準として，特定の職務遂行能力よりもコミュニケーション能力，さらには学習能力など職務遂行能力に関わる潜在力（ポテンシャル）が重視されることが多い。この背景には，日本企業の多くが，入社後に従事する職務内容を定めない形での雇用契約を新卒者と結び，入社後の社内研修やジョブローテーションを通じて時間を掛けて能力開発を行ってきたことがある（第2章4-1参照）。こうした人材活用方針においては，あらかじめ職務内容やそれに即した採用基準を求職者ごとに定め，運用する必要性がなくなる。ポテンシャル採用においては採用基準の曖昧化が避けられないが，標準化も可能になる。

以下，企業による就活生の選考の段階におけるコロナ禍の影響について確認する。インタビュー調査を通じて得られた，コロナ禍における選考に関する情報は，募集の時と同様，（1）従来の取り組みの廃止，（2）従来の取り組みの存続，（3）新規の取り組みの開始，にグループ分けされた（**表3-3**）。

| 表3-3 | 選考に関する発見事実 |

グループ	ユニット（個別の発見事実）
従来の取り組みの廃止	対面機会の削減
従来の取り組みの存続	選考手順
	選考手法
	面接担当者
新規の取り組みの開始	選考段階の追加
	就活生との接点の追加
	選抜の信頼性の強化
	面接担当者の指導
	選考スケジュールの前倒し

◉───4-1　従来の取り組みの廃止

　コロナ禍での選考では，【対面機会の削減】が実施された。その背景の発想としては，当然ながら感染拡大防止はあるだろうが，対面での採用への就活生を含めた世間からのバッシングの回避，他企業のやり方に倣うということもあろう。だだし，廃止したものは対面機会だけであり，基本的な選考の手順，手法，採用担当者は変わっていない。

【対面機会の削減】

　グループディスカッションや面接は，従来は対面で実施されていた。21卒採用においては，感染拡大防止の観点から，ほとんどの企業が対面実施を回避した。グループディスカッションについては，中止した企業と個人面接に切り替えた企業に分かれる。面接については，多くの企業がオンラインで実施した。

　コロナ禍での採用を効果的に行えたと自認する企業に共通するのが，対応の意思決定の迅速さであった。例えばL2社は，就活生や社員の安全を一番に考え，早めにオンライン化を進めたことで，選考スケジュールの大きな変更を伴わずに済んだ。早めの判断を可能にしたのが，採用担当者とその上司の間での綿密なコミュニケーションであった。

◉── 4-2　従来の取り組みの存続

　コロナ禍でも存続したものとして，【選考手順】，【選考手法】，【面接担当者】が挙げられる。多くの企業において，選考プロセスの大枠はコロナ禍前のものが維持された。確かにコロナ禍において採用を取り巻く環境は変化したが，求める人材像や評価基準をすべての企業が意図的に維持しており，変化を必要最小限のものにとどめようとしていた。

【選考手順】

　多くの企業が，コロナ禍の選考においても手順の変化はなかったと回答している。コロナ禍においても，「エントリーシート提出 → ウェブテスト → 面接（多くの場合，3回前後）→ 内定」という流れは維持された。

【選考手法】

　21卒採用においても，面接が主要な選考手法であることには変わりはなかった。また，採用基準にも特に変化はなかった。例えばM3社では，10分から20分で就活生の内面を掴むのは難しいため，一次面接では行動特性を，二次面接では志望動機を確認する，というように，面接ごとの役割を決めていた。従来からのそうした取り組みは21卒採用でも変わらなかった。

　面接以外の手法についても，従来の選考で一定の効果を感じてきたものについてはコロナ禍での選考においても引き続き実施されていた。例えばM2社では，知育玩具を使って未来の事業を考えさせる選考を実施し，他社との差別化を図ってきた。これは，最後まで根気強く考えよいものを作っていくという技術者に必要な素質に関する有益判断材料とされていた。21卒採用においても，その選考手法は引き続き用いられた。また，L1社では，就活生に自社のことを正しく知ってもらうため，2018年からインターンシップを選考過程に組み込んでいる。21卒採用では，インターンシップをオンライン化しつつ，従来と比べて就活生の活動時間を増やした。これは，コロナ禍の有無と関わりなく実施されたことであったが，短時間だと発言量の多い就活生の情報しか収集できないという問題の

克服，幅広い就活生の内面についての情報の取得に繋がった。

　M4社は，緊急事態宣言が発令された時期は採用プロセスそのものを止めていた。宣言が解除された後，感染防止対策をとったうえで，対面で面接を行った。これについてM4社の採用担当者は，自社では接客が業務の中心であるため，面接に参加する就活生が実際に接客するシーンを面接担当者が想起できるかどうかが判定において必要であると述べた。同社では，ウェブテストまではオンラインで行ったが，面接はすべて対面で行われた。

【面接担当者】

　面接担当者の属性についても，多くの企業では従来から変化していない。例えばL1社では，6段階の面接選考のうち4段階目までは，人事部門ではなく現場の社員に決定権を委ねている。L1社は組織文化の浸透や実践を重視してきた会社であり，従来からの採用基準として，就活生と組織文化との相性を非常に重視してきた。同社において最低限求められる価値観については，多くの社員がすでに持ち合わせていると考えており，現場の社員に選抜の決定権を委ねることを問題視していなかった。そのため，選考に誰を関わらせるかについて，21卒採用においても既定路線が継続された。

　F1社でも，従来と同様に21卒採用でも，現場の管理者が面接を行った。これは，管理者に現場目線で就活生を選抜してもらうためだけではない。自社に入社するかもしれない就活生と関わってもらうことで，管理者自身と世代や成長の背景が異なる人々を管理し，活かすためのヒントを得てもらうのである。

◉── 4-3　新規の取り組みの開始

　21卒採用で新たに実施されたものとして，【選考段階の追加】，【就活生との接点の追加】，【判断の信頼性の強化】，【面接担当者の指導】，【選考スケジュールの前倒し】が挙げられる。21卒採用では，企業は対面での選考はほとんど行えなかった。そこで企業はオンライン化を進め，それに伴って様々な工夫を凝らした。選考のオンライン化に伴う工夫は，オンラインコミュニケーションの弊害を補いつつ，その恩恵を活かすものであった。

【選考段階の追加】

　L2社は，オンライン面接のみでは就活生を選抜するための根拠となる情報が十分に得られないという判断から，従来の性格診断を目的とした検査に加えて能力検査を実施し，情報を補った。またL5社では，面接の回数を従来より1回増やしつつ，最終面接のみ対面形式とした。選抜の機会を増やす主な目的は，コロナ禍の中での就活生の来社人数を制限することであった。実際に選考を進めてみると，オンライン面接の影響であるかどうかは不明であるとしつつも，例年よりも面接担当者による評価が高い就活生が増えていた。面接回数が増えることでじっくり判断できるというメリットも，結果として生じた。

【就活生との接点の追加】

　複数の企業が，社員による就活生の「面談」を実施した。面談は，就活生を選抜する「面接」とは異なり，選考途中で就活生の不安や疑問点を解消する場を企業が提供することにより，就活生と企業の関係性を保ち，情報交換を行う役割を果たしている。S2社は，採用したいと考えている就活生が自社と他社の間で優先順位をつけきれずに迷っている場合に，より具体的なキャリア・イメージを掴んでもらうために，新卒で入社して活躍している若手社員との面談機会を提供した。L3社は，面接と面接の間に期間が空いてしまう場合に個別に面談を実施し，就活生との距離を縮めた。M1社では，コロナ禍で就活生に現場見学をさせられなくなったことから，これまで面談を行ってこなかった事務系志望の就活生に対して面談を実施することとした。その面談では，これまで選考を担当してきた人事部門の社員だけではなく，若手社員にも参加を促した。いずれのケースも，企業としてフォローが必要と見なす就活生に，面談の対象を絞っている。

　S2社は，感染状況に応じて感染防止対策を施したうえで就活生に来社してもらい，最終面接を対面で実施した。S2社は社内で独自の行動指針を定めており，採用においても行動指針や組織風土を理解し，共感してくれる就活生に入社してもらうことを重視している。来社機会を設けることで，オンライン説明会や面接では分からない，実際に社員が働く姿を就活生に見てもらおうとしている。

【判断の信頼性の強化】

　M1社では，面接のオンライン化によって就活生について得られる情報が減少したため，ウェブテストの内容から就活生の考え方をより詳しく見るよう心掛けた。また，F2社における従来の面接では，一次面接で人事部門のメンバーが判断し，二次面接以降では現場の管理者や彼らの上長にあたる役員が面接を行っていた。21卒採用では，各面接担当者による評価の場に，人事部門の採用チームのメンバーも立ち会うようになった。面接担当者による評価上の認識の調整をより円滑に進めるためである。

【面接担当者の指導】

　L5社では，面接のオンライン化に備えるため，人事部門による面接担当者への指導が行われた。その主な内容は，ビデオ会議を用いたコミュニケーションにおける注意点，面接の進め方についての案内，シミュレーションであった。相手がある程度まとまった内容を話し終えてから話し始めるといった，オンラインコミュニケーションならではの注意点についての指導もあったという。

【選考スケジュールの前倒し】

　コロナ禍の中で多くの企業の選考スケジュールが遅れがちになる中，逆に早期化を図った企業もあった。M2社は，新型コロナウイルス感染症の存在が社会で認知されだした頃，感染拡大が生じることを見越し，すべての面接のスケジュールを前倒した。その結果，2020年4月上旬の緊急事態宣言の発令前に，対面での面接を8割方実施するに至った。就活生に対しては，スケジュールを前倒しする旨を企業説明会で伝えた。その背景には，2011年の東日本大震災の際に採用プロセスを完全にストップさせてしまったという同社の過去の経験がある。21卒採用を取り巻く状況がその頃と同じようなものになると初期段階で察知し，採用担当者のミーティングで選考スケジュールの前倒しを決定したのである。

5．内定者フォロー

　一連の選考を経て内定を出した就活生，すなわち内定者に対し，企業は様々な支援や要請を行う。こうした内定者フォローには，（1）内定者の企業に対する理解を深める，（2）入社後に効率よく働くための準備を内定者に促す，の2つの役割がある。

　内定者の企業理解を深める取り組みとしては，内定通知の直後に行われる面談がある。内定者にとっては，給与や福利厚生の内容など，これまで企業に聞きづらかったことを聞く機会となる。現在の日本の就職活動においては，複数の企業からの内定を取得する就活生も一部いる。そうした就活生は，このタイミングを活用して，最終的に内定を承諾する1社を吟味する。内定後の面談では，内定者も質問がしやすく，企業は自社の良い情報も悪い情報も伝えられるので，ミスマッチを減らすことができる。

　入社後に効率よく働くための準備を内定者に促すため，内定者研修や内定者課題などが実施される。現在の日本の新卒採用においては，入社時期の半年以上前に就活生に内定通知をすることが主流であり，内定者による内定受諾から実際の入社までに長い期間が生じる。その期間を活用して研修等を行う企業も少なくない。

　コロナ禍での内定者フォローに関する情報は，これまで同様，（1）従来の取り組みの廃止，（2）従来の取り組みの存続，（3）新規の取り組みの開始，にグループ分けできた（**表3-4**）。

◉── 5-1　従来の取り組みの廃止

　コロナ禍の内定後フォローで廃止したものについては【**対面機会の削減**】が挙げられる。

表3-4	内定者フォローに関する発見事実
グループ	ユニット（個別の発見事実）
従来の取り組みの廃止	対面機会の削減
従来の取り組みの存続	内定者面談の実施
	内定者SNSの活用
新規の取り組みの開始	内定者の情報やニーズを収集する経路の増加
	オンラインでの就業体験／施設見学
	内定者懇親会の代替イベントの開催
	内定者主体の関係づくり

【対面機会の削減】

　内定者に対して，多くの企業が実施してきたのが，内定者面談，内定者懇親会，配属面談であった。一部企業は就業経験の機会を提供していた。従来これらは対面で実施されていたが，コロナ禍に伴いオンラインでの実施に切り替える企業が多く見受けられた。

　内定者面談や配属面談は，内定者の入社や仕事への意思を再確認し，実際に入社した後の配属，その他の一連の人事管理を効果的に実施するための重要な機会であり，廃止する企業はなかった。オンラインに切り替えつつも多くの企業が2020年も実施していたため，その具体的内容については，5-2で改めて検討する。

　内定者懇親会については，存続と見送りに分かれた。内定者懇親会には，内定者に将来自分が身を置くことになる社内の雰囲気を知ってもらうだけでなく，内定者間の接点を増やすことで入社後の同期との繋がりを強くする目的がある。にもかかわらず，例えばL4社は内定者懇親会を実施しなかった。同社の場合，内定者数も多く，コロナ禍で対面の懇親会は行うことのリスクを警戒したことが背景にある。

　コロナ禍の以前，一部の企業は内定者を対象にアルバイトを募集していた。コロナ禍の中，L1社は，内定者アルバイトの募集を中断した。全社的にリモートワーク（在宅勤務）が進められ，マネジメント手法について手探りの状態であり，内定者を受け入れる体制が整っていなかったためである。ただし，後述するよう

に，同社のそうした措置は一時的なものだった。

◉── 5-2　従来の取り組みの存続

　コロナ禍の中でも存続された内定者フォローの手段としては，【内定者面談の実施】，【内定者 SNS の活用】が挙げられる。

【内定者面談の実施】

　内定者に対する面談を従来から行っている企業のすべてが，コロナ禍においてオンライン面談を実施した。オンライン化の中でも従来との取り組みとの継続性を保つため，新たな工夫を行う企業も見受けられた。例えば，L5社では配属面談の構成を変化させた。従来は複数の内定者に対し複数の採用担当者で30分間の面談を行っていたが，21卒採用においては1人の就活生に対し複数の採用担当者で30分間の面談を行った。対面での面接や面談の機会がない中で，内定者の意向をより深く確認するために行われた工夫だった。

【内定者 SNS の活用】

　ここ数年，内定者間のやりとりを促すために SNS を活用する企業が多く見られる。こうした傾向はコロナ禍においても変わらず，内定者 SNS を利用する企業が多かった。その中でも一部の企業では，コロナ禍という状況を踏まえ，内定者 SNS の運用のあり方を変化させた。この点については後述する。

◉── 5-3　新規の取り組みの開始

　コロナ禍の内定者フォローにおいて新たに実施された施策としては，【内定者の情報やニーズを収集する経路の増加】，【オンラインでの業務体験／施設見学】，【内定者懇親会の代替イベントの開催】，【内定者主体の関係づくり】が挙げられる。

【内定者の情報やニーズを収集する経路の増加】

オンライン化に伴い内定者との接点形成が難しくなったとする企業の一部は，従来にない情報収集手段を採用することで，こうした不足に対応しようとしていた。例えばM2社は，内定者に対してアンケートを行い，どのようなウェブサイトや情報源を頼りに就職活動を行ったか，どのように自社を知ったか，といった情報を収集した。

【オンラインでの業務体験／施設見学】

F1社では，内定式や内定者懇親会がオンラインで実施されたということもあり，内定者同士の繋がりが薄くなることが懸念されていた。そこで，オンラインで実施する内定者アルバイトの募集をかけた。すると，ほとんどの内定者がアルバイトを希望したうえ，無事に実施できた。内定者アルバイトをオンラインで実施するに当たり、F1社はいくつかの工夫を行った。例えば，同じ時期にアルバイトを行う内定者同士が業務の内容や仕事の進捗を共有できるような場を定期的に設ける，入社前に様々な部署の社員との繋がりを持ってもらう機会を設ける，などである。この内定者アルバイトは，従来と比べて5倍ほど希望は多かったという。

全社的なリモートワーク（在宅勤務）の導入により内定者アルバイトの募集を中断したL1社の事例をすでに紹介した。この判断の背景には，同社の採用規模が関係していると考えられる。L1はF1社と比べて約20倍の内定者を抱えており，内定者を実際の業務プロセスに参加させることのリスクを重視せざるを得なかったのである。内定者が多いほど，新しい業務システムを確立し，経験の乏しい内定者への綿密なフォローが難しくなる。しかし，L1社でリモートワークが当たり前のものになり，内定者を受け入れる職場の体制ができたという背景から，その後はコロナ禍の状況を見極めながら内定者アルバイトを実施した。

また，F1社では，コロナ禍以前から，内定者に対してオフィスツアーを実施してきた。働く場を見て入社する実感を持ってほしいという配慮から実施されているこのイベントは，コロナ禍では実施できなくなった。そこで同社では，代替案として，出社した社員に対して自身のオフィスを紹介する動画の作成を依頼し，動画を内定者に視聴してもらった。

【内定者懇親会の代替イベントの開催】

コロナ禍に伴い対面による内定者懇親会を中止とする企業が多い一方で，オンラインで内定者懇親会を実施する企業や，懇親会以外の形式で内定者間の交流を深めるべく，新たなイベントを実施した企業もあった。例えばS2社は，オンライン昼食会を実施した。これは従来から内定者フォローの一環として行われていた対面での昼食会の代替案であったが，懇親会に求められる役割を十分に果たした。内定者にとっては，社内の様子を見ながら様々な社員と様々な話題で交流できただけでなく，すでに社内で内定者インターンシップをしている内定者もいたため，同期間での交流も盛んに行えた。

【内定者主体の関係づくり】

企業と内定者，内定者同士の関係づくりを内定者が主導して行う事例がいくつかあった。例えばS2社では，自社製品でもある社内交流用のSNSを用いて内定者間のコミュニケーションを活性化させたり，読書感想文などの内定者課題を提出してもらったりした。自社のSNSを活用することで，内定者課題に向き合う内定生同士の交流が様々な形で生まれた。M1社では，10年ほど同じ内定者 SNSサイトを利用してきたものの，21卒内定者同士のSNS上での交流は，例年以上に盛んだった。相応の媒体があると，コロナ禍で企業が内定者に積極的に働きかけにくい状況下でも，コミュニケーションが生じやすいと言える。

また，L3社は，懇親会をしてほしいという内定者からの要望をもとに，本来実施予定のなかった内定者懇親会を，企業主体で実施した。その後，「もっと話したかった」，「内定者同士でフランクなセッションも設けたかった」といった内定者からの声を受け，年末には内定者主体での懇親会を実施した。実施にあたっては，懇親会を運営する内定者を募り，企画等はすべて内定者の運営担当に任された。企業側は，企画内容のチェックや内定者全員への連絡などの点でサポートをした。参加者による満足度の高さが，懇親会後のアンケートから確認された。

| 表3-5 | 21卒採用の成果と課題 | | | |

		引きつけ	選抜	保持	育成
成果	採用プロセスの効率化	+	+		
	就活生の参加機会の確保	+		+	
	就活生の積極性の向上			+	+
	マッチングの向上	+	+	+	
	一貫性のある対応	+	+	+	+
	採用の革新の加速	+		+	+
課題	非言語的情報の減少		(−)		
	就活生との関係性の不確かさ	−		−	−
	内定者間の交流の減少			(−)	(−)
	ノウハウの共有不足		−		
	採用担当者の負担増加	−	−	−	

6．21卒採用の成果と課題

　コロナ禍での採用の変化は，企業に何をもたらしたのだろうか。インタビュー調査を通じて浮上した，成果と課題のそれぞれについて，本節では検討する。

　まず，**表3-5**に発見事実をまとめる。この表では，成果と課題の個別の内容と，それぞれが採用の4つの機能（引きつけ，選抜，保持，育成）のそれぞれと，どのような「顕著な関わり」を持っているのかを指摘している。「＋」は各機能を促していること，「−」な各機能を妨げていることを，それぞれ示している。「（−）」は一部企業がある程度克服している課題を指す。これらはインタビュー内容の解釈を通じて見出されたものであるため，論理的には結びつけられるものの，調査で明確に確認されていない事柄については表記していない。

◉── 6-1　成果

　コロナ禍での採用の成果として，【採用プロセスの効率化】，【就活生の参加機

会の確保】,【就活生の積極性の向上】,【マッチングの向上】,【一貫性のある対応】,【採用の革新の加速】が挙げられる。

【採用プロセスの効率化】

　多くの企業が対面での広報，面接や面談，内定者フォローを取り止め，オンライン上に移行した。コロナ禍により強制的にオンライン化が進んだ結果として，金銭的なコストや工数の削減が可能になった。そして，効率化が進んだ分，企業側からの情報発信の機会を増やす，発信内容を見直す，就活生による発言の機会や時間を増やす，等の工夫が行われた。

　効率化が進んだと回答があったのは，企業の広報，つまり募集の段階が特に多かった。対面での企業説明会，インターンシップ，企業セミナーの開催の中止に伴い，対面での採用のために必要であった会場の設営，就活生の誘導，配布資料の準備が必要なくなり，PC上でのスムーズな議事進行に専念すればよくなった。また，採用担当者の移動時間も減少した。これは21卒採用では初めての試みであったため混乱もあったが，「今後を見据えた場合，結果としてよかった」と答えた企業もあった。強制的なオンライン化により，削減可能なコストが顕在化したのである。

【就活生の参加機会の確保】

　オンライン化によって，就活生が住んでいる地域の特性が就職活動や採用に及ぼす影響が減少した。海外も含め，本社所在地から離れた場所に居住するため，興味のある企業説明会や選考に参加することが困難であった就活生が参加できるようになった。

　また，対面では定員を設けざるを得ないイベントでも，オンラインでは人数制限なく就活生に門戸を開けるようになった。例えばF2社では，対面の企業説明会では一回の定員を60人としていたものを，オンライン化により400〜500人に拡充した。

　本社から離れた地域に居住する就活生からの内定承諾が増えたという事例も実際にある。例えばL3社は，オンライン化によって就活生ごとにつくリクルーターの移動時間が減り，その分就活生とのコミュニケーションにより多くの時間

を割くことができた。その結果として，遠隔地の就活生が内定を承諾するケースが増えたという。また内定後のフォローである面談や懇親会も，オンラインによって内定者の参加が容易になった。

【就活生の積極性の向上】

コロナ禍での対応は企業にとっても就活生にとっても初めての試みであり混乱もあったが，企業側の対応次第で就活生の積極性が促進された場合があった。例えば，M1社やS2社では，企業側が用意した内定者交流SNSや社内SNSを用いた内定者同士の情報発信が盛んに行われた。

就活生が活動しようとした時に動ける環境がオンライン上でも整っていることが，コロナ禍においても就活生の積極的行動を促進させたと考えられる。また就活生自身が活動できる環境があるということは，企業が把握し，満たそうと苦慮している就活生のニーズを就活生自身が満たせることを意味する。就活生の積極性が向上したことは，入社後の彼らの活躍にも良い影響を与えるだろう。

【マッチングの向上】

採用のオンライン化を活かす工夫においても成果があった。L1社の採用担当者は，オンラインでのインターンシップのアイデアを就活生から募集する，就活生と社員に自己開示をしっかりしてもらう，講義のようなインターンシップではなく参加者が盛り上がれる雰囲気づくりに力を入れる，などの取り組みにより，3日間のインターンシップの質を当初の想定以上に高められたとしていた。F1社の就活生向けセミナーでは，「どこからでも参加できる」というオンラインの技術的特性を活かし，従来よりも幅広い社員が登壇した。多様な社員と向き合うことで，就活生は従来よりも自身のキャリアを考えるための有益な情報を手にすることができた。M5社では，オンラインインターンシップ内で，社員だけの会話を30分間就活生に見てもらう機会を設けた。上司部下間の会話等から社内の雰囲気をオンライン上で再現し，就活生に社風を肌身で感じてもらう手法をとった。就活生もこの取り組みを好意的に評価した。

【一貫性のある対応】

　自社が置かれた状況や採用の目的などに即して一貫性のある対応を行い，成果を得る企業が見られた。例えばM2社では新型コロナウイルスの感染拡大が生じることを見越し，すべての面接のスケジュールを前倒した結果，2020年4月上旬の緊急事態宣言の発令前に，対面で8割の面接を実施することができた。スケジュールの前倒しにより慣れた対面での採用が進められたことに成果を感じていた。またM4社では，緊急事態宣言が発令されている時期に採用プロセスを中断させた。そして宣言が解除され，事態が落ち着いたと判断された6月に入り，万全の感染防止対策をとったうえで，対面形式で採用を再開させた。その結果，就活生からは好意的な反応があり，自社イベントへの参加を予約した就活生はほとんど参加した。

　今後，感染症の流行の拡大と収束が繰り返すのであれば，企業としては，感染拡大が比較的収まっている期間に対面での採用を一気に進めようとするかもしれない。実際に採用の日程計画を柔軟に変えることは容易ではない。また，当初の日程計画を維持するために対面面接とオンライン面接の切り替えを実施することで，就活生の扱いに不公平が生じてしまう恐れがある。応募者数が少ないか，募集人数が少ない，活動規模の小さい採用を行える企業でないと，こうした機敏な対応は難しいのかもしれない。企業の事業戦略や人事戦略を踏まえた一貫した採用を，柔軟な状況対応をとりつつ実施するために必要なことについては，本書の末尾で検討，提案したい。

【採用の革新の加速】

　多くの企業が，採用の質を高めるための工夫を年々行ってきたが，結果としてコロナ禍がその動きを加速させた。これまで紹介してきたように，情報発信の回数の増加，発信内容の改善，就活生との接点機会の形成や強化，就活生情報の収集など，多種多様な取り組みが見られた。

　例えばF1社は，内定後からではなく，選考中から就活生との信頼関係を築くことに力を入れた。オンライン面談では，ともすれば濃密なやり取りが難しくなる。そのため，自社に対して「疑問に思ったことを何でも聞きやすい企業」，「ありのままの自分をぶつけていい企業」というイメージを就活生に選考中から持っ

てもらうことで，彼らの気持ちを聞き出しやすくしていた。また，L1社は，ここ数年，内定者向けの研修を手厚くしてきている。従来は入社までに1回程度に限って開催していた研修を，内定者のフォローのために2〜3ヶ月に1回程度行うようになった。

◉──── 6-2　課題

　コロナ禍での採用において明らかになった課題として，【非言語的情報の減少】，【就活生との関係性の不確かさ】，【内定者間の交流の減少】，【ノウハウの共有不足】，【採用担当者の負担増加】が挙げられる。

【非言語的情報の減少】
　対面コミュニケーションでは言語的情報と非言語的情報の双方を自然に得られるが，採用のオンライン化により，企業は就活生の非言語的情報を得にくくなった。「企業説明会での就活生の反応がわかりにくかった（L5社）」，「対面では面接会場に通される前に面接官を待つ姿や面接を終えて帰る際の姿を見ることができるが，オンラインでは開始時には画面が切り替わり，面接後は電源を切れば終了してしまうから，就活生の姿をじっくりと見ることができなくなった（S1社）」，「オンライン上だと上半身しか見えないため，対面であったら分かるはずの"手が頻繁に動いているから緊張しているな"などの情報が伝わらなくなった（M1社）」という語りにあるように，多くの企業がオンラインでの採用にやりづらさを感じていた。
　ただ，オンライン化が企業の採用に決定的な打撃を与えたわけではない。例えばL5社では，面接担当者に対して定期的なアンケートを実施しているが，21卒採用が始まる前のアンケートではオンラインに切り替わることに対して判断基準などの面での不安の声があった。しかし，採用を終えた段階でのアンケートでは，「就活生の雰囲気ではなく，話している内容に集中できた」との意見も見られた。採用のオンライン化に伴って非言語的情報を入手しにくくなることを問題視する企業があるが，非言語的情報の重要性や，オンライン上でも取得できる可能性を今後検証する必要があるだろう。

【就活生との関係性の不確かさ】

　企業は，自らが求める資質や実力を有する就活生に自社に興味を持ってもらい，実際に応募してもらいつつも，様々な手法を用いてふるいに掛け，自社との適合性があると思われる者に内定を出す。そして，内定者に対しては，入社意思の確認や強化を行いつつ，実際に入社してもらう準備を行う。採用には企業と就活生の強固な関係づくりという側面が多分にあるが，21卒採用ではこれらが十分にできなかったと感じる企業が多かった。

　例えばM2社では，従来は最終面接の前の選考途中で懇親会を開いていた。昨今の就活生の志向や就職活動への臨み方についてヒアリングしていたが，21卒採用では対面選考を早期に終わらせるために懇親会を開けず，自社の魅力を十分に伝えきれなかった可能性を危惧していた。また，S2社の採用担当者は，キャリアについて初めて大きな選択をするのに本社を訪れる機会を持てないのは，就活生にとっても大きな不安要素となるのではないかと懸念を示した。また，内定者と直接会って食事をしたり，自社の文化を伝えたりするような深いコミュニケーション機会が取れないまま，内定者の内定受諾や辞退を待つ状況に，採用担当者は不安を抱いていた。

【内定者間の交流の減少】

　コロナ禍において，内定者同士の繋がりの場を設けるのを後回しにする企業が一定数存在した。同期同士の繋がりの大切さは企業によって異なるものの，その実際の価値の有無や大小は，実際に働いている社員が最も感じるところだろう。21卒採用でも形式を変えつつも内定者同士の繋がりの場を提供したことが企業に何をもたらすかについては今後の検討が必要だが，繋がりの機会を設けられなかった企業は，そのことについては忸怩たる思いを持っていた。

【ノウハウの共有不足】

　オンライン化によって，企業と就活生の接点だけでなく，リモートワーク（在宅勤務）の推奨により採用に関わる社員同士の接点も減少した。その結果，従来と比べて企業内での情報共有が困難になった。L2社の採用担当者は，採用上の課題の共有について，採用担当者の枠を越えて行われていないことを指摘した。

F2社では，面接会場で採用担当者同士が話す機会が減った。対面の時には就活生の入れ替わりのタイミングなどで話す機会があり，そこで就活生からの質問や就活生に対する評価を共有することができたが，オンラインによりその機会がなくなり，情報共有も困難になった。M2社の採用担当者は，他社の採用担当者との情報共有についても言及している。従来であれば他社の採用担当者とその年の採用市場について交流する機会があったが，21卒採用ではできなかった。

【採用担当者の負担増加】

オンライン化によって効率化された側面があると同時に，採用担当者の負担が増えた側面もある。特に，募集では効率化が進んだが，選考や内定者フォローでは負担が増えた。負担の例としては，応募数の増加への対応，選考に関する意思決定，通信整備トラブルの増加への対応，採用スケジュールの変更，綿密な配属面談，が挙がった。

L4社では，プレエントリー数は伸びた結果，本当に入社を志望している就活生の数の見通しが立てづらくなった。また，就活生対応を担う人員が足りず，対応にムラが出ることも問題になった。また，たとえ応募数が増えても，企業の求める資質や実力を持っていない就活生が多く含まれたのでは，採用担当者の負荷に繋がってしまう。

選考に関する意思決定について，M1社の採用担当者は，オンラインでは就活生とのコミュニケーションが取りづらい場面があり，適切な判断ができたのか自信がない，という正直な懸念を示した。

通信関係のトラブルに関し，L1社では，オンライン化により，誤ったミーティングルームのアドレスを就活生に送ってしまう，就活生に連絡を取ろうと思っても取れない，などの問題が増えたという。M3社は，社員がビデオ会議慣れしていない，通信トラブルが生じる，一部ソフトウェアをインストールできない，などの当初の問題を経て，面接を安定的に実行できるようになったのはGW明けからだとした。

採用スケジュールの変更について，M3社はオンライン化に対応するため，4月の上旬からGWまで選考を止めたという。また，L4社では，元来は地域ごとに採用の権限が与えられていたため，地域によって採用スケジュールがばらばら

であった。21卒採用では本社主導でスケジュールの統一が決められていた。そのため，本社主導での初めての採用を，コロナ禍の中で行わなければならなくなった。その結果，採用権限が分散していた時には3日で終わった面接に，1ヶ月半を要してしまったという。

綿密な配属面談について，従来のL5社では，内定者3人に対して採用担当者3人で配属面談を行っていた。しかし，21卒採用においては，内定者と対面で会う機会が設けられなかったこともあり，内定者1人に対し採用担当者3人で，面談時間の長さは変えずにオンライン面談を行った。採用担当者1人当たり，25時間分の負担増となった。

7．21卒採用が果たせた機能，果たせなかった機能

採用が果たすべき機能には，引きつけ，選抜，保持，育成の4つがある。前節では，21卒採用の成果と課題について検討したが，結局のところ，これらの機能はどのように充足されたのだろうか。あるいは満たしきれなかったのだろうか。

◉── 7-1　引きつけ（attraction）

新卒一括採用における募集の役割は，規模や質の面で適切な「採用母集団」を形成し，選抜に繋げることであり続けた。しかし，従来の企業と就活生の関係構築の多くは本社かその近隣で行われたため，多くの就活生が費用や時間の問題から関係構築の場に，参加できなかった。こうした問題の多くが，21卒採用のオンライン化により解消した。調査協力企業の多くが，オンライン化に伴い就活生のエントリー数の増加を経験した。

採用に関する数々の革新の中でも，採用情報を企業側から発信する場においてチャット機能を使って就活生の意見を募ることは，情報のミスマッチを即時に修正できる点で有意義であった。従来の対面での企業説明会であれば，就活生から

の反応はほとんど得られないか，得られたとしても企業説明会終了後であった。知りたかったことを伝えてくれた企業に対し，就活生は好意的なイメージを抱くだろう[7]。

　一方で，企業と就活生との関係におけるオンライン化に起因する不確かさは完全には払拭しにくく，そのことが就活生を企業に引きつけることの難しさにも繋がった。例えばM2社では，もともとエントリーする就活生の数が多くはない中，どう彼らを自社に引きつけるかについて苦慮し続けた。ニッチな事業領域であるため，「なんとなく」エントリーする就活生に自社の魅力を感じてもらう機会を設けにくい。専門領域を学んでいる就活生が，より知名度のある業界や企業に流れてしまう。こういった，もともとの状況がオンライン化でさらに進むと指摘された。

◉──── 7-2　選抜（selection）

　採用の効率化により，就活生と以前より向き合えた，彼らの積極性を引き出せたとする企業事例が多く見られた。その反面，選考のオンライン化に伴う非言語的情報の減少が，就活生を見極めることの困難さに繋がったとする企業も多かった。来社して待合室で待機し，面接を受けて退社するというのが従来の就活生の行動パターンであるが，オンライン面接では面接以外のプロセスがなくなる。採用担当者の多くが，入退出時の就活生のマナーや言動を十分に観察できない，面接時の身振りや細かな表情まで判断できない，という点に懸念を抱いていた。

　しかし，非言語的情報の制限そのものが問題であるとは限らない。非言語的情報の多くは，面接中に紛れ込むバイアスともなりかねない。第一印象の影響は，対面の面接において，より大きなものとなるだろう。実際にL5社は，就活生の雰囲気ではなく話している内容に集中できたので判断上の問題はなかった，としていた。

　もちろん，非言語的情報の価値をすべて否定すべきでもない。企業は，採用基準と非言語的情報の整合性について，これまでの経験を踏まえて精査すべきである。非言語的情報を顧慮しなかった場合に有意義な採用ができないことが確認されたのであれば，その原因を論理的に探究すべきである。こうした検討によって，

非言語的情報の言語化が進めば，選抜の質の向上にも繋がるだろう。

◉──7-3　保持（retention）

　オンライン化の利点を活かし，企業説明会や内定者研修の場に，従来よりも多様な社員が登壇した企業の事例があった（F1社）。従来は，自社のモデルケースのような社員を登壇させることが通例であったが，登壇者の多様化が就活生を引きつけたのみならず，内定者の保持にも貢献した。

　ただ，就活生の来社機会の喪失，就活生と企業のコミュニケーション不足は，内定者の保持を難しくした。従来，就活生は面接等の選考のため来社し，そこで実際に働く姿をイメージすることにより入社意欲を高めていた。また，就活生は面接前に待合室で社員とコミュニケーションをとり，企業理解の不足や選考に関する不安を解消していた。しかしコロナ禍により，これらの機会が失われた。企業にとっては，場合によってはエントリーから内定通知まで一度も対面で会ったことのない，心理的に不安定でその真意も掴み難い内定者のフォローが必要になった。

◉──7-4　育成（development）

　企業説明会や内定者懇親会などで企業からの呼びかけに積極的に応えた就活生は，単に企業への好感度を高めただけでなく，呼びかけに応える中で企業への適性を自ら向上させた可能性が高い。採用のオンライン化により就活生間の交流が少なかったことから，企業内のあるいは内定者用のSNSで積極的に情報発信しようとする就活生（内定者）が増えた。組織の中で必要な能力や価値観，知識を獲得していく過程は「組織社会化」と呼ばれ，その要素の1つに人間関係の理解があるが，こうしたプロセスを内定者は経験するのである。ただし，就職活動全体を通じて就活生が触れる一般のSNS上では，各企業についての真偽が定かでない情報が多くやりとりされる。企業としては，業界や自社の情報提供，質問箱の設置など様々な工夫を施し，就活生の自社理解を支援しなければならない。

　就活生との確かな関係を築けないことは，育成効果の減少に繋がる。就職活動

を通して就活生は言語的情報と非言語的情報を得る。言語的情報は主に採用ウェブサイトや企業説明会で，非言語的情報はインターンシップや面接／面談で社員や他の就活生との交流を通じて体得される。非言語的情報を咀嚼することで，言語化することもできる。21卒採用の場合，就活生が非言語的情報を得る機会はあまりなく，言語的情報に偏るきらいがあった。そのことは，就活生の自己理解の形成にも支障を及ぼしうる。企業は就活生の知識の偏りを把握できないため，自社にとって望ましい職務遂行能力，キャリア意識，貢献意欲を身につけさせる施策を十分に打ち出しにくかったのである。

(1) 本章に関わる分析および執筆は，編著者のほか，3人の学生調査メンバー（新井亮介，古田優季，渡辺夢芽）が担当した。
(2) Yin（2014）は，意味のある事例の基準として（1）決定的，（2）極端／珍しい，（3）一般的／典型的，（4）新事実考察型，（5）縦断的，を挙げているが，本研究における事例研究は，これらのうち（1）（2）を少なくとも部分的に満たすものであると言える。事例の決定性や極端さについて言えば，調査協力者は，採用や人事管理について出版を見据えた研究活動を行う大学生や，彼らの「自由時間」の多くを研究活動に振り分ける提案を行う大学教員と接点を持っている。のみならず，こういった調査に対し，社内の同意を取りつけながら協力する意思を持っている。14の調査協力企業は，そうした人々を雇用している。こうした人的ネットワークを持つ企業は，幅広い社外との情報交換や社内での人事管理上の取り組みに，日頃から積極的だろう。そして，その結果として，情報開示に伴う支障がそれほど多くない実践を，採用および人事管理全般で行っているだろう。
(3) 調査協力者の多くが首都圏と近畿圏に所在していたのに対して，学生調査メンバーのすべては東海圏に，編著者は近畿圏に居住していた。
(4) インタビュー調査の手順や有用性についての体系的で手際の良い説明は佐藤（2002）にある。
(5) 社会科学領域においては，グラウンデッド・セオリー（データ対話型理論。Glaser and Strauss, 1967；木下，2003）に代表されるような，「より洗練された」定性的調査の方法論が存在する。しかし，これらのデータのコーディングのあり方はKJ法と類似の手順を取っているという解釈も可能である。また，KJ法は広く人口に膾炙しており，多くの解説を得やすいことから，緊急的な調査プロジェクトを進める学生調査メンバーにとっては扱いやすいものである。これらの背景から，編著者は学生調査メンバーに対してKJ法の使用を提案した。
(6) 実際の分析手順はこのように直線的に進むわけではない。分析が進む中でそれまで

の作業結果に対する疑念や新たな問いが浮かび，前の段階の作業に戻る，あるいは最初の段階から行い直すということが常である。ただしこれは，「ゼロからの再スタート」ではなく，分析結果の精度をより高め，必要十分の記述量にするための累積的な作業である（川喜田，1967）。

(7) 林（2009）によると，企業説明会の場における企業の対応への就活生の好感度は，内定者意識形成（仕事への期待，成長への期待，人間関係への期待）に正の影響を及ぼす。

第 **4** 章　**コロナ禍の就職活動**

インタビュー調査からの示唆[1]

1. はじめに

　この章では，コロナ禍が21卒の就職活動に与えた影響を，21卒と20卒を比較しながら明らかにする。コロナ禍の就職活動を行う学生（以下，就活生）の動向についての大規模なサーベイ調査は多くあるが，彼らの経験を詳細に記述した定性的調査の蓄積は未だ少ない。そのため我々は，コロナ禍における就職活動という事象の成り立ちを探索的に把握するためにインタビュー調査を行い，発見事実を確認するため，21卒および20卒の（元）就活生全般を対象とした定量的調査，特に質問票調査（サーベイ調査）を行った[2]。

　21卒は従来の就活生が行っていた対面状況での情報収集，特に就業環境に関する非言語的情報の収集に支障をきたした。就活掲示板やSNSによる情報収集は十分に補完していない。21卒にとって，対面での，あるいは自身に特化された企業とのやり取りの機会は減少し，貴重なものとなった。そうした機会を設けようと模索している企業，オンラインでの情報発信やコミュニケーションに工夫を凝らしている企業，オンラインコミュニケーションを安定的に行おうとしている企業に対し，21卒は好感を抱いていた。社風や社員の人柄といった従来重視されてきた非言語的情報が得にくくなった反面，企業のオンライン対応のあり方が，就活生が新たに重視する非言語的情報となりつつある。情報収集のみならず，情報の発信，つまり企業との関わりの中での自己呈示のあり方にも，就活生の工夫が見られる。

2. 調査概要

◉──2-1 調査対象

　2020年10〜11月にインタビュー調査を行った。主たる分析対象である21卒については，合計21人への聞き取りを行った。また，比較対象として，調査時点で社会人1年目である20卒，計9人への聞き取りを行った。**表4-1**にあるように，インタビュー対象として「女性」，「文科系」，「学部卒（見込み含む）」が多いという特徴が見える。

　女性比率が多くなった背景としては，学生調査メンバーの個人的なネットワークを通じて調査協力者が集められたということがある。ただし，調査協力者における女性比率が高いことについては，男女のキャリア格差については本書の検討外であり，また，就活生のキャリア意識や就職活動の途上で彼らが受けた扱いに顕著な男女差が確認されなかったので，分析結果に大きな影響が及びにくいと考えた。

　また，文科系比率が高い背景には，文科系学生が入社後いわゆる事務職に配属されやすい点に我々が着目したことがある。事務職のキャリア形成には，採用も含めた人事管理における日本的な特徴が現れやすい。例えば，事務職に配属される新入社員は，配属先の職種に関わる専門的知識を学生の時期に取得していることを前提とせずに採用されることが多い。調査対象には理科系や文理融合系の学生や卒業生が含まれているが，彼らは，入社後は事務職に配属されたか，配属予定の者である。学部卒（見込み含む）がサンプルの全体を占めたのも，同様の背景による。

　表には現れないインタビュー対象者の特徴として，第一に，東京やその周辺で大学生活を送ってこなかった。彼らの大半は，学生調査メンバーと同様に，名古屋やその周辺で大学時代を過ごした[(3)]。彼らの就職活動のパターンは，コロナ禍の前後で大きく変化した可能性がある。従来，「地方在住者」は，就職活動に伴

表4-1 | インタビュー対象者

卒業（予定）年度	性別	専攻	最終学歴（見込み）	入社（予定）企業の業界
21卒	男	文	学部	建設
21卒	男	文	学部	コンサルティング
21卒	男	文	学部	運輸
21卒	男	文	学部	情報
21卒	女	文	学部	鉄鋼
21卒	女	文	学部	電機
21卒	女	文	学部	放送
21卒	男	文	学部	自動車
21卒	女	文	学部	サービス
21卒	女	文	学部	食品
21卒	女	文	学部	保険
21卒	女	文	学部	食品
21卒	女	文	学部	サービス
21卒	女	文	学部	運輸
21卒	女	理	学部	商社
21卒	女	文	学部	商社
21卒	男	文	学部	電機
21卒	男	文	学部	（未定）
21卒	女	文	学部	情報
21卒	女	文	学部	サービス
21卒	女	文	学部	保険
20卒	男	文	学部	化学
20卒	女	文	学部	人材
20卒	女	文	学部	電機
20卒	男	文	学部	放送
20卒	女	文	学部	銀行
20卒	女	文	学部	広告
20卒	女	文	学部	（国家公務員）
20卒	女	文	学部	電力
20卒	女	文理融合	学部	自動車

備考：業界欄でのカッコ内表記は，民間企業のカテゴリーに入らないものであるが，インタビュー対象者は民間企業での就職活動を経験している。

う交通費や宿泊費，さらには移動に要する時間の面で，首都圏の就活生と比べて負担を抱えてきた[4]。しかし，コロナ禍により企業の採用のオンライン化が進み，非首都圏，非大都市圏の就活生の負担はかなり軽減された。学生全体から見ると偏ったサンプルだが，コロナ禍に伴う変化を確認するという点では，代表的なサンプルであるとも言える[5]。

　第二に，インタビュー対象者は，知名度や入学の難度という点で，地域を代表するような国公私立の大学生である。在籍する大学の入学の難度と大企業への内定率には正の相関があり（三好，2012），実際，調査対象者のうちのほとんどが大企業への内定が決まっている，もしくは入社して働いている。加えて，インタビュー対象者の多くが人事管理を学習，研究してきた学生の知己であり，自身のキャリアについて他の同世代と比べて考え，悩む傾向が強い。こうした意味では特殊なサンプルではあるが，だからこそ，本書のテーマに関するやりとりにおいても，多様性に飛んだ情報を提供してくれる。一般性について改めて検討するための探索を進めるうえでは，有用なサンプルだとも言える。

◉── 2-2　調査と分析の方法

　調査に際して，（1）就職活動を始める以前のモチベーション，（2）就職活動の始め方，（3）インターンシップ，（4）選考，（5）就職活動の終わり方，の5つのセクションからなるインタビューリストを作成した。実際のインタビューに先んじて，これらの5項目，および各項目に関連して聞き取りたい，より詳細な事項についてのリストをインタビュー協力者にSNSで送付した。

　企業を対象とした調査と同様に，就活生を対象とした調査でも「半構造化インタビュー」を採用した（第3章参照）。インタビュー時間は，1人当たり約1時間であった。実際の調査においては，新型コロナウイルス感染拡大対策の必要性，インタビュー協力者の所在地と学生調査メンバーの所在地の隔たり，の2点を考慮し，対面とオンラインを使い分けた。企業調査はすべてオンラインで行われたが，就活生調査は一部対面で実施された。

　半構造化インタビューで得られた定性的なデータを分析するに当たり，企業調査と同様に，就活生調査でもKJ法（川喜田，1967）を参照した。就活生を対象と

した調査では，一連の就職活動について，（1）情報収集，（2）企業とのやりとり，（3）不安への適応，（4）就職活動の終了，に区分した。これらの事象は必ずしも順を追って現れるものではない。得られたデータをこれら4つのブロックに振り分け，各ブロックについて複数の学生調査メンバーが分析を実行した。

3. 情報収集

　就職活動において情報収集は不可欠であるが，就職活動の進度によって就活生が収集すべき情報は変わるし，情報源の違いによって得られる情報は異なる。

　就職活動が開始される時期には，就職活動への臨み方，業界や企業の動向，各社によるインターンシップ実施予定などがよく調べられる。また，自身が望む働き方や，業界や企業との適性を知ること，すなわち自己分析も広く行われる。就職活動が進むにつれて，志望する業界や企業がおおまかに定まってゆくと，今度は特定の業界や企業についてより深く調べられる。また，実際に選考が開始する頃には，募集内容についての情報収集に加え，企業による採用内定を勝ち取るため，エントリーシート（ES）や面接などの選考への対策もとられるようになる。以上はあくまで典型例に過ぎないが，時系列ごとに就活生に重視される情報が変わることは確かである。

　その一方，情報源については，企業のウェブサイト，企業説明会やセミナー等の各種イベント，知人との情報交換やアドバイスといった伝統的なものに加え，近年台頭してきた就職活動関連の様々な情報が閲覧できるウェブサイトやアプリがある。それぞれの情報源に含まれる情報には，質的な違いがある。

◉── 3-1　21卒と20卒に共通する傾向

　インタビュー調査からは，就職活動で収集される情報として，【採用情報】，【経営情報】，【職場環境】，【業界特性】，【就職活動上のスキル】，【自己の特徴】の6つが抽出された。また，情報源については，【企業】，【就職活動関連メディ

表 4 - 2 　就活生が得た情報と情報源

		得られた情報					
		採用情報	経営情報	職場環境	業界特性	就職活動上のスキル	自己の特徴
情報源	企業						
	インターンシップ	○	○	○			
	企業説明会	○	○	○	○		
	ウェブサイト	○	○	○			
	社員		○	○		○	○
	就職活動関連メディア						
	就活支援ウェブサイト	○	○	○	○	○	○
	書籍		○		○	○	○
	就活掲示板	○		○	○		
	知人						
	友人	○		○	○	○	○
	先輩	○				○	○
	就職活動の支援機関						
	キャリアセンター	○					
	就活支援団体	○				○	○
	SNS	○	○	○	○	○	○

ア】，【知人】，【就職活動の支援機関】，【SNS】の5つに大別された。5つの情報源のうち，【企業】は，企業説明会，インターンシップ，ウェブサイト，社員に細分化できる。【就職活動関連メディア】は，就活支援ウェブサイト，書籍，就活掲示板に細分化できる。【知人】は，友人，先輩に細分化できる。【就職活動の支援機関】は，キャリアセンター，就活支援団体に細分化できる。【SNS】はそれ以上，細分化されなかった。

　表4-2は，就活生が得た情報に関する軸と，情報源に関する軸を交差させ，就活生がどのような情報をどのような情報源から獲得したのかを示したものである。原理的にはすべての情報をすべての情報源から獲得できる。しかし，回答がないものや極端に回答が少ないものについては，その媒体で情報がやり取りされていると判断しきれないため，表記を見送った。

【採用情報】

　企業ごとのインターンシップや企業説明会や本選考のスケジュール，採用予定人数や配属予定職種などを指す。これらの情報は，当該の企業（企業説明会，ウェブサイト，インターンシップ）や就職活動関連メディア（就活支援ウェブサイトや就活掲示板）のみならず，プライベートな情報源（友人，先輩）からも得られた。友人や先輩からは，実際に選考を受けた時の体験談に加え，企業，就職活動関連メディアによる公式的な発信情報や，彼らの知人から得た情報の共有がなされた。就職活動の支援機関やSNSも，採用情報を仕入れる経路となった。

　　（情報収集に使ったツールは）ほとんどはリクナビとかだったけど，何か面白い会社がいいなって思ってたから，そういうのってリクナビやマイナビじゃない方が見つかりやすいのかなと思って。友人に教えてもらった就活支援の会社のアドバイザーみたいな人と話して，じゃああなたにはこういう企業がお勧めですよみたいな感じで教えてもらったのもあった。（20卒／女性／広告）

　特筆すべき点として，就活掲示板を見たことについて，21卒と20卒の多数が後悔していたことがある。就活掲示板では，誰でも参加できるという技術特性のため，膨大な情報の1つひとつの真贋（しんがん）は定かではない。就活生は情報の波に翻弄され，疲弊してしまうのだろう。選考の流れや具体的な採用人数などの情報については，企業と就活生の間で情報の非対称性がある。就活生は企業の採用情報を正確に収集しようとしつつ，その実現には相当な難しさがあるようだ。

　　掲示板をめっちゃ見ちゃっていたかな。友人とか先輩とかとは全然連絡を取っていなかった。みん就 (6) を見ると不安はあおられたけど，ないよりはいいかと思っていた。でもなんか，洗脳というか焦らされるというか。全然あてにならないし。今思えば，踊らされていたなあと思っちゃうなあ。（21卒／女性／保険）

【経営情報】

　採用情報と同じく当該企業（企業説明会，ウェブサイト，インターンシップ，社員）から情報が得られることが多い反面，プライベートの情報源や，就職活動の支援機関は活用されにくい。大学のキャリアセンターや就活支援団体に関しては，イベントの案内をする仲介者としての機能を果たしていることも分かった。一部の就活生は，経営者による自著も含めた，経営の沿革をまとめた書籍を活用し，企業の経営情報を綿密に収集していた。

　　最初は説明会とかに参加して，企業情報とか調べたんだけども。あとは本かな。『四季報』とか分厚いやつ。そこで企業の一覧とかを調べて，気になったとこに関してまずはホームページで IR の情報を集めて。決算説明会の資料とかって分かりやすいようにできているから，そこを読んだりとか。あとは，中期の経営計画みたいな，これからどういう分野に注力していきますみたいな情報を得て，さらに情報は必要だと思ったらその企業の有価証券報告書みたいな堅いやつをちらっと見て。今期はこういうところがこういう影響を及ぼしてこうだった，みたいな記述とかを見て勉強してた。(20卒／男性／化学)

　　業界研究の一環で，内定企業の設立からこれまでの軌跡を記した本を読んでいた。3 年生の夏くらいに興味を持って読んでた。(21卒／男性／自動車)

【職場環境】

　企業説明会，ウェブサイト，インターンシップ，社員といった，当該企業の情報源が多く活用される。しかし，それに加え，就活掲示板や知人から得る「口コミ」的な情報を多くの就活生が頼りにしている。口コミ情報が重要視される要因として，企業の職場環境という情報の性格上，企業発の公式情報のみではなく，臨場感のある「内部情報（とされるもの）」を就活生が求めているからだと考えられる。実際にオフィスに足を運ぶことや，その経験のある知人の体験談を参考にするケースも散見された。利用頻度の割には是非が定かでない就活掲示板と比べ，

自分自身による体験や知人とのやりとりの方が，職場環境への理解の深まりや実際のエントリーに結びつくという声が多かった。

> 就活会議とか openwork だっけ？ああいう口コミサイト見てた。ちゃんと休みはとれるか〜とか気になるからさ。信用しすぎるのもよくないのわかってたけど，気になるよねああいうの。(21卒／男性／未定)

> 働くイメージは，懇親会で知り合った社員さんとちょっと仲良くなれて情報がもらえたから，割りと持てた気がする。(20卒／女性／電機)

> 金融系のインターン行った時にさ，目が全く笑ってなかった。この人たちと仕事するのは嫌だなってって思って。メーカーの人たちは目が笑ってた。(21卒／男性／電機)

【業界特性】

　業界に関する情報は，インターンシップや本選考にエントリーする企業を選ぶ際に，参考にされる。就活支援ウェブサイトや書籍など，企業以外のメディアによる情報源を，就活生は活用する傾向にある。また，プライベートなやり取りの中で業界特性への理解を深めるケースも，少数であるが確認された。

> 『業界地図』や『四季報』を買って，書いてある企業を片っ端から HP に飛んで調べていた。(21卒／女性／鉄鋼)

> 友人に助けられたことはめっちゃある。テレビ業界しか見ていなかったけど，テレビは愛知で 3 〜 4 社しかないし，そうなった時にぎりぎりで志望業界を広げてみないとなと思った。そういう時に友達と業界や事業内容に関する情報をシェアしたり，ここ向いているんじゃない？と言ってもらえたりしたのが大きかった。(20卒／女性／放送)

【就活活動上のスキル】

　情報収集の方法，エントリーシート（ES）の書き方，面接選考の通過方法など，幅広い就職活動における知識や技能のことを指す。このような情報について，就活生は，企業の社員や就活支援ウェブサイト，友人，先輩，書籍，SNSなど，幅広い情報源から得ている。中でも，大学のキャリアセンターや就活支援団体によるエントリーシート添削や面接練習については，利用した就活生のほとんどが効果があったと回答した。その一方で，就職活動の支援機関を一切利用しなかったと答えた者も多数おり，その有効性に反してその存在や価値が認識されていないようだ。

　　同期同士の交流とかはしていたかな。ESの添削とか。私は人に頼って
　　就活していたから大事だった。(20卒／女性／自動車)

　　よく使ったのはワンキャリ(7)。上位校向けでESの書き方とか選考の進
　　め方とか情報分厚かった。(21卒／男性／電機)

　　エンカレ(8)にかなりオンラインの面接練習を手伝ってもらった。Zoom
　　の繋ぎ方とかも。(21卒／女性／食品)

【自己の特徴】

　就職活動上のスキルとほとんど同様の手法で取得される。自己分析については，まず，友人や先輩，リクルーターとしての社員などとのやりとりを通じて，自身の性格や志向を認知するようになる。また，書籍や就活支援ウェブサイト，SNSが紹介するフレームワークを利用し，自身の企業への適性を認知するようになる。自己分析では，特に就活支援団体の働きかけは，就活生の大きな助けとなっていた。

　　面接をしてくれた会社には全力で感謝したいです。全力で有難うござ
　　いました。マジで自己分析してくれた。自分のことなのになぜこんな
　　に知っているんだろうって思った。(20卒／女性／国家公務員)

エンカレを使っていて有り難かったのは，自分の将来のことについて考える場を作ってもらえたこと。１対１で自己分析を手伝ってもらっていた。(21卒／男性／コンサルティング)

◉──── 3‒2　21卒に特有の傾向

　情報収集に関する21卒に特有の傾向もあった。コロナ禍に直接関係しない技術革新による影響と，コロナ禍による影響に分けられる。

【技術革新の影響】

　21卒のうちの数人が情報収集のためにSNSを大いに活用したと答えたが，その背景には，あるSNSサービスの登場がある。日本における代表的なSNSであるLINEは，友人や知人とのやり取りするために幅広く活用されている。そして，一部の就活生は，2019年の８月に公開されたLINEの「オープンチャット」を活用していた。これは，共通の話題を介してLINEの連絡先に登録していない人々とも交流できる機能で，一部の就活生が，参加条件のあるグループに参加し，採用情報や就活スキルなどの情報を全国の就活生と共有していた。

　もっとも，Twitterで就職活動用のアカウントを作り全国の就活生と情報交換する，YouTubeで就職活動上のスキルについての映像を視聴する，といったことは20卒も行っていた。サービスの進化に伴い，就活生の情報収集のあり方も変化していることがうかがえる。

　LINEのオープンチャットで早稲田慶応の就活に大学生活をすべてを注いだ人たちのサークルの情報冊子が先着で配られてて，それがいろんなESだったりが載っていてすごいよかった。お金を取ったりしてるところもあったね。自分は先着順でもらえたからよかったけど。(21卒／女性／保険)

　一番有用だった情報ツールはYouTube。人事経験者や就活成功者のものを参考にして自己分析をやっていた。(21卒／男性／情報)

【コロナ禍の影響】

　企業説明会の中止や採用スケジュールの変更を経験した21卒は，2020年3月以降の情報収集を，20卒と異なる形で行った。

　まず，オンライン化を理由に，多くの21卒が企業説明会の実質的な参加数を減らした。参加希望だった企業説明会が中止になったのに加え，オンライン化が参加意欲をしばしば低下させたのである。オンラインだと企業の雰囲気が正確に掴めないという指摘のほか，企業側の選考プロセスの中断やスケジュール変更に伴い就職活動そのものへの意欲を大きく低下させたという指摘もあった。

　こうした考えや心理は，オンライン説明会に積極的に参加した就活生にもある程度は共有されていた。2020年3月以降の企業説明会については，各企業の就業環境に関する情報を収集するための役割を十分に果たせていなかった。21卒にとっても，実際にオフィスまで足を運ぶこと，社員と対面で接触することが，企業にエントリーする大きな原動力となっていたのである。

　　軽めの説明会とオンライン面接でしか接点がなかった企業では，面接の受け答えも社員が説明会で言っていたことの真似だったり。本音みたいなものを言うことは難しかった。(21卒／男性／自動車)

　　(志望していた業界が) あんまりインターンやらない企業ばっかりでさ，3月1日から始まる学校の説明会頼りにしてたんだよね。でも結局中止になって全く受けられなかった。何か接触ゼロで受けるのは気が引けてさ。(21卒／男性／電機)

　その一方で，オンライン化したからこそ企業説明会に「参加」した，という21卒の経験もある。ここでいう「参加」は，実際に企業説明会のオンライン会場にアクセスし，その場で映像を視聴するということにとどまらない。例えば，オンライン会場にはアクセスするものの，実際にはその後の時間で録画した映像を視聴する就活生がいた。また，そもそもオンライン会場にはアクセスしないうえに，実際の企業説明会の後で動画配信サービスに掲載された動画を視聴する就活生もいた。

　　企業説明会はアーカイブされてる興味のある企業だけ見てた（21卒／女
　　性／情報）

　　説明会って家だとデバイスいっぱい用意していっぱいログインすれば
　　エントリーし放題みたいなことができて便利だった。（21卒／女性／保
　　険）

　企業説明会については，就活生が企業についての非言語的情報を収集すると
いう機能は弱まったものの，幅広い情報を手軽に集めるという機能は強まったと
言える。ここで企業側が注意すべきは，企業説明会へのエントリー数が増えたと
しても，多くの就活生が「気軽に参加できるので一応エントリーしてみた」と
いった程度の動機しか持っていないことである。たとえ自社との適合性が高い就
活生がいたとしても，就活生側の入社希望が強くない場合，企業として彼らを発
見し，関係構築することは難しいだろう。たとえそれができたとしても，入社希
望の醸成に従来以上に手間を掛けなければならなくなる。
　就活生が重視する情報源についても，コロナ禍による変化が見られた。2020
年３月以降に初めて接触を持った企業について，21卒はリクナビやマイナビな
どの就活サイトを主に利用して情報を集めていた。友人や先輩，リクルーターと
の関係性を構築しようにも，十分にそれが行えなくなったのである。コロナ禍に
よる外出自粛の結果，大学やカフェでの相談や情報交換の機会が減少したのであ
る。その一方で，コロナ禍の前から接点があった企業については，コロナ禍の中
でもリクルーター等の社員とのやりとりを通じて情報収集を行っていた[9]。

　　（21卒は）孤立感がやばいんだろうなっていうのはすごい思ってて。本
　　当に家でやってるし友人との情報共有もないし，愚痴を語り合う機会
　　もないと思うし，情報も知りにくくなるからそこら辺が大変だと思う
　　よね。（20卒／男性／化学）

　　まず親しい先輩いないし組織っていうか団体は信頼できないし，自分
　　の力でやるのが一番いいしそもそも就活は自分のできる範囲でいいや

とも思ってた。友人ともほとんど情報交換しなかったね。わりとどうでもよかった。(21卒／女性／サービス)

　20卒と比較した21卒の情報収集の特徴としては，（1）企業説明会に参加するハードルが下がった，（2）企業説明会で得られる情報への満足感が下がった，（3）コロナ禍の前に関係を構築できなかった企業については非言語的情報を得にくかった，（4）SNSを就職活動で用いられる余地が広がった，ということがある。なお，入社希望を持たない企業との関係が「たまたま企業説明会に参加した」という形で偶然生まれ，入社希望を持つようになるということは，オンライン化の中でも存在していた。オンライン化がそうした事例を増やしたのかどうか，入社への意欲を強めたのかどうかについては，現時点では確かなことは言えない。ただ，就活生と企業の双方が，オンラインでの情報収集における偶然性の役割を明確に意識する必要がある。

4．企業とのやりとり

　就活生と企業の双方が，数ヶ月あるいは数年を掛け，選ぶ，選ばれるという出来事を経験し，採用内定を出した企業とそれを受諾した就活生の間のマッチングが成立する。

　就活生が企業と持つ接触機会として一番に想像されるのは，選考時の面接の場ではないだろうか。面接では，企業は自社の選考にエントリーしてきた就活生の中から採用基準に合致する者を選別し，就活生はこれまでの自己分析の結果を踏まえ，いかに自身がエントリー企業に適しているかをアピールする。

　しかし，就職活動において就活生が企業と接触する機会は，面接以外にも多くある。主要な接触機会としては，インターンシップ，企業説明会，面接，面接以外の選考過程，内定後のイベント，が一般的であろう。企業説明会については，大学，就職情報企業，採用主体企業という主催者における多様性，対面とオンラインという開催形式における多様性がある。面接以外の選考過程には，リクルー

ター面談や施設見学など，企業から与えられた接触機会と，OB ／ OG 訪問など，就活生自らが獲得した接触機会がある。

◉── 4-1　21卒と20卒に共通する傾向

【インターンシップ】

インタビュー対象者の大半が参加経験を有するインターンシップは，その大半がコロナ禍以前に開催されていた。インターンシップは，一日完結型から複数日程まで，企業による説明が中心のものから実際の業務体験が中心のものまで，多種多様な形式で実施されていた。その中でも，オフィスや工場などの社内施設を目にすることになるインターンシップは，就活生が企業への理解を深め，働くイメージを形成し，入社意欲を高めることに大きく貢献する。

> （2021年に行われる）22年卒の就活は，協力するワークとかを開くの難しくなっているし，工場見学とかできないのも嫌だなって思うね。選考中にオフィスとかに行ってここに行こうとかって思ったりするのがないから。(20卒 / 男性 / 化学)

インターンシップへの参加により参加企業への入社志望が強まったとする就活生が多かった。そうさせた要因はなんだったのだろうか。最も多く見られたのが，事業内容や業務内容等の企業情報への理解が深まり，企業への関心が高まった，ということであった。社員との対話を通じて社風や社員の人柄を感じ取り，自身の求めるものと合致した，という声もあった。入社志望はあるもののインターンシップを実施していない企業についての理解を深めるため，同業他社のインターンシップに参加する就活生もいた。いずれにせよ，就活生にとってのインターンシップは，自らの働くイメージを具体化し，より志望度の高い業界や企業を特定するために有用なのである。

> インターンによって理解は深まったからそれに伴って志望度も深まったかな。(21卒 / 女性 / 保険)

まぁインターン行ったからと言って志望業界は変わらなかったかなー。だからインターンいったところは全部本選考でもエントリーした。(21卒／女性／サービス)

ワンデーのインターンでオフィスを覗かせてもらった時に綺麗なオフィスでここで働くのは魅力的だなと思ったからエントリーしてという感じだったな。オフィスに実際行ってなかったら応募してなかったのは間違いない。(21卒／男性／自動車)

インターンシップに参加することで参加企業への入社志望度を多くの就活生が高めていた反面，彼らの入社志望度を下げるインターンシップもあった。志望度が下がった理由として，社員の人柄や社風が参加前の印象と異なったことが挙げられた。他方で，インターンシップ参加企業の事業内容や業務内容といった情報を得たことにより志望度が下がったといった回答はなかった。企業理解が深まることは志望度を高める方にも低める方にも作用するのであるが，そのことは非言語的情報に関する理解において，特に顕著である。

○○（社名）のインターンは社員が熱くて怖かった。洗脳されていたように見えたからやめた。実際にオフィスに行ったからこそ違うなと思えた。(21卒／女性／サービス)

インターンで，○○（社名）はドライだしグルディス(10)つまらなくて志望度下がった。(21卒／男性／運輸)

【企業説明会】

20卒は対面，21卒はオンラインと，主要な形式は異なるが，就活生は合同と個別の双方において多くの企業説明会に参加していた。20卒で特に顕著に見られたのが，大学主催の合同企業説明会が開催されており，それが企業と接点を持つきっかけになった点である。多くの就活生が，企業説明会への参加をきっかけに企業の採用担当者とやりとりしたことが，就職活動において有用だった。

合説は最初の方は割と行っていたけど，途中からいい情報もらえない
なと思って，全期間合わせて4，5回くらい。あ，でも大学のやつは
4日間全部ちゃんと参加した。やっぱあそこから繋がることがちょく
ちょくあって。なんか名前書いて出すやつとかあって，連絡来たりした。
(20卒／女性／銀行)

　もっとも，企業説明会に参加することで得たものについては，21卒と20卒で
大きく異なる。それは，コロナ禍に伴い21卒が対面での企業説明会をほとんど
経験できなかったためである。21卒特有の傾向については後述するが（**4-2**参
照），20卒の経験からは，対面形式での企業説明会が果たす機能が確認できる。
20卒は，企業説明会について，企業情報を得る以外に，登壇者の言動から企業の
社風や社員の人柄，すなわち雰囲気を推測し，エントリー企業を選択する手掛か
りとしていた。社員と就活生のやりとりのみならず，社員同士のやりとりの様子
も，彼らにとって重要な情報となった。対面開催においては非言語的情報を得や
すいことは，対面とオンラインの双方の企業説明会に参加した就活生にとって，
強い確信が持たれていた。緊張感を持つ中で就職活動への意欲を高められる点，
さらには企業の採用担当者と連絡しあえる関係が生じることも，対面形式での企
業説明会の特徴であった。

　　説明会とかインターンとかに参加する中で，企業の人事の人と接する
　　機会があって，単純に気が利いていい人だな，性格がいいなってな感
　　じたんだよね。(20卒／男性／化学)

　　対面の方が社員さんを生で見れるし，雰囲気を感じられるかな。行く
　　とやっぱり緊張するし。ウェブではリラックスして，何度でもメモを
　　とってみれるからいいところもあるけど。対面で1回ぴりっとしたの
　　を味わうのも大切だったかな。でも，業種に関してはオンラインで配
　　信をしてもらえるといいな。(20卒／女性／電力)

【面接】

　就活生が面接の印象の善し悪しを判断するうえで重要視していたのが，企業や社員の「雰囲気」であった。「雰囲気」の内容については，企業の雰囲気と，面接担当者の雰囲気との2種に分類できる。

　企業の雰囲気として挙げられたのは，オフィスの様子，一般の社員が働く様子，社員の自身への接し方，社員同士の関わり方といった，就業環境に関する情報であった。21卒と20卒の別を問わず，就活生は，エントリー，選考継続，内定受諾といった一連の意思決定を行うに際し，企業との接触を重ねることを重視していた。接触方法に工夫が見られる企業や積極的に接触機会を提供した企業については，入社志望度を高めていた。その反面，就業環境への理解が深まったことで入社志望度が下がり，エントリーをやめた事例も確認された。

> 　実際にオフィスに行って，例えばエントランスで対応してくれた人の対応がどうだったとか，実際の社内の雰囲気がどうだとか，そういうのはオンラインでは分からないから寂しいかもね。(20卒／女性／広告)

> 　面接中に人事同士が仲いいのが伝わって，それがすごいいい会社だなっていうのは分かりやすかった。(21卒／女性／食品)

　面接担当者の雰囲気として挙げられたのは，会話の内容に加え，面接担当者の表情，話し方，姿勢，身なり，仕草，態度といった，多岐にわたる非言語的情報であった。特に，面接に臨む以前に接点を持った社員から得られた印象と同様の印象を面接担当者からも得られるかどうかが，面接ひいては企業全体への印象の良し悪しを左右する。

> 　一次面接の時に対面で東京に行ってやったんだけど，人事の人がすごくいい人で，面接というよりかは雑談のような感じで話を聞いていくうちに，いい会社だなと思ってここで働いてみたいと思って，その時に志望度は上がった。(21卒／男性／情報)

インターンの時からの説明と面接の内容で働き方がはっきりせず，話が違うと思って志望度が下がった。(21卒／女性／商社)

【面接以外の選考過程】

　懇親会やセミナー，あるいは面談等で実際に社員と話す機会を持ち，社員の人柄や企業での働き方についての情報を持つことは，就活生にとって，その企業で働くイメージをより具体化することに繋がる重要な経験であった。単に社員が一方的に多数の就活生に向けて話す形ではなく，少人数で互いに意思疎通をとる形での交流機会を設ける企業が，就活生による好印象を得やすい。最終面接の直前に就活生に激励の電話をかけていた企業も存在し，短時間であってもこまめに接点を設け，就活生に積極的に関わろうとするような企業の姿勢が，就活生に評価されることが多い。しかし，企業の現実に肉薄することで，就活生が自らのキャリア志向とのミスマッチを知覚することがある。社員と就活生の濃密な交流の場を設けることは，企業にとって「諸刃の剣」になりうる。

　また，コロナ禍によりオンラインでのOB／OG訪問を経験することとなった21卒にとっては，社員とのコミュニケーションは，自らの志望度の強さを再確認する場に過ぎなかった。オンライン化したコミュニケーションそのものが，就活生の企業の志望度を大きく変化させることはなかった。

　　働くイメージは就活で社員との懇親会があったりそこで知り合った社員さんとちょっと仲良くなれて情報がもらえたから割りと持てた気がする。(20卒／女性／電機)

　　女性セミナーという対面のセミナーがあって，その時に話を聞いた女の人が子育てと仕事を上手に両立していて。その人の話を聞いて，いいなあと思った。(21卒／女性／保険)

　　OB／OG訪問をウェブで実施したけど，もともと志望度が高かったので，再確認の場という感じ。(21卒／男性／情報)

◉── 4-2 21卒に特有の傾向

【インターンシップ】

　21卒が経験するインターンシップの大半は，コロナ禍以前の対面形式のもの
であったが，例外的に，コロナ禍でのオンラインでのインターンシップの事例が
1つ存在した。それによると，オンラインでのインターンシップは企業説明会に
近い内容になってしまい，得られる情報が限定的になり，インターンシップ自体
への満足度は高まりにくかった。しかし，コロナ禍の中でも曲がりなりにもイン
ターンシップが実施されたことについて，インタビュー対象者は「悪くはない」
と評していた。対面でのインターンシップと比べて得られる情報は少ないものの，
就活生の入社志望度を高める潜在力（ポテンシャル）はあるようだ。

　　　○○（社名）はもともと職場潜り込みだったのがオンラインになった。
　　オンラインは肉付けされた説明会のようだった。質問会もあっていろ
　　んな部署から人きて30分くらい質問した。逆にきつかった。対面に参
　　加した友達の話を聞くと対面の方がいいかもって思った。でもオンラ
　　インでも別に悪くなかった。(21卒／男性／運輸)

【企業説明会】

　コロナ禍において，多くの企業説明会はオンライン形式に移行した。そのため
21卒は，20卒が経験したような，採用担当者から個別連絡をもらえるような関
係構築を行えなかった。自宅からの視聴が可能になったことで，関心のある企業
説明会に簡単にアクセスできるようになったこと以外の特段の利点は，彼らから
は見出されなかった。エントリーする権利の獲得も含めた，その後の就職活動に
向けた一手順，という機械的な側面も帯びている。

　　　説明会ってさ，出席してエントリーする資格をもらえるみたいなやり
　　方してるじゃん。持ち駒増やすのは楽だった。(21卒／女性／保険)

　ウェブの説明会は適当に見て消して。インターン行ったところに出席
　表を出したくて。人の雰囲気は分かりづらかった。(21卒／女性／電機)

　コロナ禍により企業説明会がオンライン化することで，21卒はエントリーの
可能性がある企業についての非言語的情報を得る機会を多く失った。しかし，そ
うした状況に対し，大きな不便はなかった，といった声もあった。企業情報を得
る場としての役割を企業説明会がある程度果たした点を十分と見なすか否かにつ
いては，人により異なる。

　合同説明会無くなって不安はあったけど，不便はなかったかな。結局
　ネットとかで開催してくれていたし。(21卒／女性／保険)

　ウェブ合説，個別は少し行った。正直変わんねーなとは思った。(21卒
　／女性／サービス)

　インプットの合説や一次二次面接まではオンラインでやってもいいの
　では。(21卒／男性／運輸)

　企業説明会の良し悪しについての，21卒特有の基準も見出された。20卒で見
られた社風や社員の人柄といった要素ではなく，オンライン化への対応の巧さで
あった。調査協力者の語りからは，20卒と同様に，登壇者の物腰やユーモアの
ある対応から社風の良さを感じ取った可能性はある。しかしそうした評価は，オ
ンライン化への巧みな対応がなかったら，そもそも生じえないのである。

　ウェブ対応の下手上手はよく分かって，それが志望順位をスライドす
　ることはあった。○○(社名)が超上手だった。Zoomでニコニコ動画
　みたいなコメント機能をつけてて面白かった。(21卒／女性／サービス)

　企業説明会を中止したり，うまく行えなかった企業にとって，「挽回」の可能
性はあるようだ。企業説明会の中止の代替措置として面接前に就活生に向けた説

明を行う時間を設ける企業や，面接後に就活生に電話をかけてくる企業もあった。こうした企業に対して志望度が上がったという就活生の回答も見られた。

【面接】

21卒に特有の面接に関する経験は，直接的にはオンライン化で，その影響によりスケジュールの自由度が高まった。20卒の調査対象者9名のうちオンライン面接を経験したことがあると回答した人は2人いたのに対し，21卒の調査対象者21人のうち19人がオンライン面接を経験したと回答した。

面接のオンライン化の影響が複数見出された。まず，従来であれば金銭面や労力の負担が大きいことから首都圏の企業へのエントリーを避けていた首都圏以外に在住する就活生が，首都圏の企業の選考にエントリーするようになった。また，自宅での面接参加が可能になったため，一日に複数の企業の予定を入れるようになった者もいた。ただ，21卒においては，企業説明会の中止によって企業と接点を持つ機会を得られず，接点を持てなかった企業へのエントリーを見送るケースも少なくなかった。21卒がエントリー数を増加させたとは必ずしも言えない。

> 基本は名古屋だけで就活していました。当初は交通費の関係から東京等での就活を諦めていたのですが，コロナで色々なことがオンライン化され，一気に遠方の会社へとシフトチェンジしていきました。(21卒／男性／建設)

> 東京大阪が本社の企業もいっぱい受けた。もし対面で東京大阪まで行かなきゃいけないっていう場合はエントリーできなかった。一日にいくつか面接をしたりっていうスケジュールを組んでいたから。コロナのおかげで家で複数受けることができたし家からお金かけずにできたっていうのもあるし。(21卒／女性／食品)

第二に，21卒の多くが，面接中にやりとりできる情報，面接前後で得られる情報の量がオンラインだと少なくなることを懸念または実感していた。就活生にとって，自分自身や面接担当者の表情，話すテンポ，格好，仕草といった要素は，

面接中に相手を理解し，自分を伝えることに繋がる。また，面接前後で目にする他の就活生やオフィスの様子や，面接前後の採用担当者との雑談は，企業をよく知る，あるいは面接により良いコンディションで臨むことに繋がる。対面で面接が行われていた時には当たり前であったこうした情報が，21卒にとっては急に縁遠いものとなったのである。

　オンライン面接では，対面面接に比べて非言語的情報が少ない分，従来より話の内容に重きを置かれたり，態度を良く見せるための配慮が生じたと考えられる。こうした切り替えがうまくいかず，オンライン面接によって入社志望度が下がった事例もあった。

　　オンラインの就職活動は偶然がなさそう。偶然情報を得ることが大切で，待合室で他にいる就活生とか，なんかその場で分かること，人の雰囲気とかの偶然得られる情報が少なそうだなとは思いました。あとその人の本当の雰囲気とかは対面の方が伝わるよね。あと身のこなしとか，歩き方とかも。(20卒／女性／国家公務員)

　　圧迫面接に関して，オンラインの方が印象は悪くなると思う。対面だったら面接が始まる前とかにも話しかけてくれたりするから本気で潰しているって事じゃないなっていうのが分かった。オンラインでもし圧迫面接だったらその潰しにかかる様子だけがオンライン越しに伝わるから終わった後だいぶ悪い印象を持つんじゃないかな。(21卒／男性／自動車)

　　面接官に声聞きづらいと言われたり，話すタイミングがかぶってうまく話せなかったりしたな。そうするとどのくらい聞こえているか気になっちゃって集中できなくなっちゃった。(21卒／女性／情報)

　第三に，オンライン面接は対面面接と比べて，良くも悪くも緊張しづらいようだ。面接にありがちなバイアスとして，面接担当者は第一印象の良い就活生を高く評価する傾向がある。つまり，初めのうちは緊張してしまったり相手に気を

遣ったりしてなかなか自分のことを伝えられない就活生が，あまり評価されないのである。ただし，緊張しづらいオンライン面接であれば，従来よりも多くの就活生が面接が開始した段階から自分の魅力を自然に語ることが可能になり，より公正な選考がなされる可能性がある。

> 対面のデメリットでオンラインのメリットで言ったら，集団面接の時かも。集団面接で前の人がすごいいい回答をした後の緊張感はえげつないから，他に左右されないという点はいいかも。（20卒／男性／放送）

> 私はどちらかというと（オンライン面接の）メリットの方が多かったかな。結構人に左右されやすいから，対面でやっていたら電車の中とかで，あの子就活生なんだと人から見られることとか，そういうプレッシャーが耐えられなかったかも。その点，オンラインの面接なら家で落ち着いた気持ちで受けられるからよかった。（21卒／女性／保険）

一方で，緊張感があった方が，選考が進むにつれて企業からの評価を感じることができ，就職活動の進捗を実感できる可能性がある。緊張しないことが必ずしも良いわけではないようだ。

> 面接初めの頃は緊張しすぎて自分が何を話しているのだろうみたいなというのがあった。オンラインの方が自分の部屋で落ち着いて話せるって思うからオンラインうらやましいなとは思う。けど，直接会って話したうえで，向こうが次の段階に進めてくれるっていうのは，ある程度自分は企業に求められているのかなと思えるところだから，対面で次に進める方が企業と合っていると思えたかな。対面で1回行ってぴりっとしたのを味わうのも大切だったかな。（20卒／女性／電力）

【内定者向けイベント】

企業は一部の就活生に採用内定を通知した後も，彼らに自社を選んでもらうため，働きかけを続けなければならない。21卒からは，内定者面談で給料等のよ

り現実的な雇用条件（就業条件）を確認したり，今後共に働くことになるかもしれない他の内定者に対して抱いた印象から，働くイメージを形成し，内定承諾に至った，という声が聞かれた。その他にも，内定者へのこまめな連絡や社員との座談会の機会を提供した企業，社内施設を見学する機会を提供した企業が，就活生からの前向きな印象を勝ち取っていた。一方，20卒からは，内定後の企業の取り組みに関しては特段の情報が得られなかった。彼らは，インターンシップや企業説明会，面接等において，対面状況ですでに様々な情報を得ており，内定を受諾するか否かについての判断を行う際，特段の追加情報を必要としなかったと考えられる。

> *内定承諾企業で働くイメージは，内定後に内定者面談があり働くイメージを持てた。給料などもすべて聞けたし，同期を見ることもできた。*
> *(21卒／女性／商社)*

> *コロナでマイナスだったところは，会社の雰囲気や人間が分からなかったこと。○○（社名）は私一人のために○○ミュージアム（同社の見学施設）を貸切ってくれてよかった。(21卒／女性／食品)*

> *こまめにメールくれたり会社の人と話す機会くれたり，若手社員としゃべれたり，インターン参加企業を○○（社名）が志望度抜いた。(21卒／女性／鉄道)*

▌5．不安への適応

　就活生にとって，社会人としての自立のあり方を決定づける就職活動は大きな挑戦課題である。自己を見つめ，その成果を企業に示し，企業から絶えず評価され続けることは，大きな不安の源泉となるであろう。

　特に日本の就活生は，最初の就職先を「一生の就職先」と大なり小なり想定す

る傾向が強く，そのために「入社先の選択を誤ると，取り返しがつかないことになる」と思い込みやすくなる。実際にはそうとは限らないし，そもそも人生経験が20年余に過ぎない就活生にとって，確実に適切な選択など存在しないと考えた方が，少なくとも論理的には自然である。ただし，多くの就活生が大きな不安と向き合い続けていることは確かである。上述のような「思い過ごし」を無くしたとしても，学生から社会人への移行期を不安なしで乗り切ることは不可能だろう。また，不安を感じてこそ，この移行期を創造的に，かつ実りある形で乗り切れるであろう。

　以下，就活生が就職活動中にどのような不安を抱き，それとの折り合いをどのようにつけてきたのかについて検討する。

◉──── 5-1　21卒と20卒に共通する傾向

　21卒と20卒とで見られた共通の不安要素として，【自身の活動内容の妥当性の疑わしさ】，【企業の採用プロセスの不透明さ】がある。ただし，その詳細や重要性においては21卒と20卒で異なるうえに，21卒に固有の不安要素も別途存在する。

【自身の活動内容の妥当性の疑わしさ】

　多くの就活生が，自身の選考エントリー数が適当であるか，自身が内定を獲得できるのかどうか，複数の企業に内定を貰った場合にどの企業の内定を受諾するか，といった点での悩みを抱えていた。中でも，最終面接で落選することを懸念する就活生が最も多く，選考段階が進むにつれて不安が大きくなる。

　就職活動のプロセスは情報収集，応募，選考，内定受諾の4段階からなるが，就活生には，応募以降の3段階において，実際の意思決定が求められる。特に，応募段階と内定受諾段階においては，自らの主体的な判断が避けられない。その意思決定は，就活生にとって極めて重大で，かつ自身の決断が正しいのかどうかに確信を持ちにくい。これらが相まって，意思決定をすること自体が不安要素となったと考えられる。選考段階については，企業が就活生を選ぶ段階であるので，どの企業の選考を継続するかどうかといった意思決定に関する不安は見られず，自身が選ばれるのかどうかが不安要素となった。

*お祈りメールとか電話かかってくるたびにエントリー数はこの数でよ
かったのかなって不安になったし，受けた企業とかちゃんと調べてな
かったから今更どこを受ければいいか分からなくなっていた。(20卒／
女性／電機)*

*選考中不安だったことは，面接の途中でだんだん切られてくるってこ
とかな。しかも割りと最終面接で切られることが多くて心がやられて
いた。 内定いただいた企業さんもあったんだけど，それは安心材料の
ために受けた企業さんみたいなところもあって，ここに勤めるのかな
とかと思うとちょっと不安だった。今働いている企業からなんとか内
定もらった時はすごく安心したな。(20卒／女性／電機)*

【企業の採用プロセスの不透明さ】

選考スケジュールの進行が読めないこと，特に，選考結果がいつ伝えられるの
か分からないことで，選考を受験した時期の不安感が大きくなったと，多くの就
活生が述べていた。また，実際の選考段階の数や中身が分からないことで，就職
活動の終了をイメージできないことが不安に繋がった，という意見もあった。企
業から就活生に開示している選考スケジュールに関する情報は，少なくとも就活
生にとって十分でない。

*不安だったことは，次いつ連絡来るんだろうとかかな。基本的に次の
日に来るのに3日とか開くと不安だった。(20卒／女性／銀行)*

*選考中不安だったことは終わりが見えないことだったかなー。いつ返
事が来るか分からないし。(21卒／女性／サービス)*

もっとも，選考に実際に参加した時の感触から，選考結果についてある程度予
想できており，選考結果に納得できたという事例もあった。あるいは，結果が出
るまでの間に不安を特に抱えていなかった，といった事例も確認された。就活生
本人の楽天性など，気質的な要因も関係しているのかもしれない。

不安だったことか。あんまりなかった。落ちることもあったけど，落ちる時って大体面談とか面接してて，なんかこの人と話噛み合わないなって時にたいてい落ちてたから，納得感あった。あとどっかには入れるでしょと思ってたから，どこにも入れなかったらどうしようとかは思ったことなかった。(20卒 / 女性 / 広告)

●── 5-2　21卒に特有の傾向

【自身の活動内容の妥当性の疑わしさ】,【企業の採用プロセスの不透明さ】という2つの不安要素のうち，21卒は20卒以上に【企業の採用プロセスの不透明さ】を不安視する傾向があった。コロナ禍に伴い，選考を中断または延期した企業は数多く存在する。筆者の調査においても，エントリーした企業による選考の中断や延期を経験したと回答した21卒は21人中18人で，多くの就活生がその影響を被っていた。21卒特有の採用プロセスの不透明さに関しては，具体的には，志望企業が採用を中止したり採用人数を変更したりしないか，志望企業の選考が中断／延期した場合にその期間に何をすればよいのか，といった不安が顕著であった。

不安は，いきなり採用活動を一旦止めますというのがあって，人より絞っていて少なかったから，どうなるのか，選考が止まったら他のも受けないといけないかとか，選考時期が遅れるかとか，内定がもらえるかとかが不安だったかな。あと，相手が選考をこのまま止めるかもしれないという不安もあったかな。(21卒 / 女性 / 商社)

最終面接まで進んだ会社が，コロナの影響で採用をストップした会社があって，他のところでも同じことがあるのではという不安があった。(21卒 / 男性 / 情報)

【企業の採用プロセスの不透明さ】以外にも，面接方法の変化に伴う21卒固有の不安が見出された。オンライン面接に関する不安としては，まず，相手の表情

や感情が分かりづらい，自分が伝えたことへの面接担当者の手応えが分かりづらいといった【オンラインコミュニケーションへの違和感】がある。それに加え，映り方や通信状態を気にしなければならないといった【オンライン面接の環境の不備】も，就活生にとっては重要なものである。オンライン面接の環境に関連する接続不良には，自分由来のものと相手由来のものの双方が存在する。

【オンラインコミュニケーションへの違和感】

不安だったことは，オンラインだと面接の感触が掴めない。感触っていうのは面接を突破できそうかどうかってことね。（21卒／女性／サービス）

難しかったところは話しづらいところ。面接官に声聞きづらいと言われたり，話すタイミングがかぶってうまく話せなかったりしたな。そうするとどのくらい聞こえているか気になっちゃって集中できなくなっちゃった。（21卒／女性／情報）

【オンライン面接の環境の不備】

電波途切れるのも怖かったし。たまに一言がちょっと途切れて，あははって流したり。聞き返すまでもないことを遮ってリズムを崩すことの方が怖くて，そこら辺めんどくさいなって思った。（21卒／女性／食品）

アプリが会社によって違うからめんどくさい。（21卒／女性／電機）

◉── 5-3　コロナ禍での就職活動に伴う不安への適応

【選考スケジュールの変化への適応】

21卒の多くが志望企業の選考の中断や延期を経験した。こうした事態に伴う

就活生の不安は，中断や延期を決断した時に企業がとる対応により，その多くが払拭され，就活生の入社志望度の上昇にも繋がりうる。

就活生にとっては，選考の延期を企業がアナウンスすることは，最低限必要なことである。企業から選考延期をアナウンスされたことで就活生の入社志望度が大きく変化することはなかった。そのうえで，選考が中断している間，選考以外の接触機会を提供されることが，入社への意欲をより強くすることに繋がった。こうした措置を企業がとらない場合，就活生の多くが新たなエントリー先を探すという形で不安を解消しようとしていた。

> 面接の中断はあったけど，アナウンスちゃんとしてくれたから特に不信感とかはなかったかな。(21卒 / 男性 / 電機)

> 選考を待ってる間にどんどん他にも申し込もうかなと思った。その中で継続的にコンタクト取ってくれた会社があって有り難かった。(21卒 / 女性 / 鉄鋼)

> 中断している間にも社員の方から近況の確認など電話がかかってきた。さほど影響はなかったが，志望度の高い企業からの電話は励みになった。(21卒 / 男性 / 自動車)

延期が長時間にわたることで，就活生はその企業との関わりを断つことがあった。選考中断中に他の企業からの内定を得るなどして，わざわざ就職活動を継続させるメリットがなくなったのである。また，選考延期の連絡をしなかった企業に対しては志望度が下がった事例が確認された。選考再開の直前にこれまでの経緯について説明し，就活生の心理に配慮する姿勢を示すだけでも，就活生の否定的反応が防げた可能性がある。

> 延期や停止はあったけど2，3社だけ。1社だけ謝罪と今後の予定が途中で連絡が来たけど，他はなかったかな。企業の対応によって予定が立てやすかったから一応選考を受けようかなって気持ちにはなった

かな。1ヶ月ぐらい予定より遅れたから受けることはなかったけどね。
(21卒／女性／社)

延期すると言って1ヶ月以上なんの連絡もなかったのに何事もなかっ
たかのように再開したのには腹が立ちました。(21卒／男性／建設)

【オンライン面接への適応】

　オンライン面接においては，対面面接に比べて伝わる／伝えられる非言語的情
報が少ないとされることが多いが，就活生は，そうした一般的な傾向に逆らうか
のような工夫を行っていた。自身の身振り手振り，表情，仕草が面接相手にとっ
てより好印象のものとなる工夫を，数名の21卒が行っていた。また，自身の通
信環境を整備する以外にも，パソコンを設置する高さや自身に当てる光の角度を
調節するといった，自分をより良く見せるためのオンラインならではの工夫も指
摘された。対面での面接と類似した形での自己呈示がなされていると言えよう。

　身振り手振りとかは，対面よりオンラインの方が分かりやすいと思う。
あと，オンライン面接だと自分の顔とか表情とか仕草とか見られるの
がメリットだと思っている。どんな顔しているのかなとか。(21卒／女
性／保険)

　背景が白いところ探して，アングルも自分のノートパソコンが高い位
置に来るように下に本大量に積んで，デスクの光の角度とかもかなり
調節して，化粧もはっきり見えるように作り込んだ。そんな努力に左
右されると思うとめちゃくちゃばかばかしいけど，この努力を怠った
ことで印象悪くするのもアホらしい。(21卒／女性／食品)

6. 就職活動の終了

　就活生は，面接時間に限らず，インターンシップや企業説明会，インターネット上の記事や書籍，SNS等，様々な媒体や機会を用いて企業情報の収集を行っていた。世の中に無数にある企業の中から，何らかの根拠をもとにいくつかのエントリー企業を選んだ以上，それらの企業への入社志望度は低くないだろう。

　しかし，実際に就活生に選ばれる企業とそうでない企業が存在することもまた事実である。就活生はなにを根拠に入社する企業とそうでない企業を判定するのだろうか。

◉── 6-1　内定受諾の背景

　就活生の内定受諾理由については，インタビュー調査を通じ，社員の人柄や社風といった【雰囲気】，具体的な職場環境や職務内容といった【雇用条件】，他社の選考の結果を踏まえた【潮時感】に集約した。すでに見てきたように，21卒と20卒では，就職活動を通じて得られた情報に少なからず違いが存在する。そのため，それぞれの内定受諾理由のどれが重視されたかも，21卒と20卒で多少異なってくる。

【雰囲気】
　社員の人柄や社風のよさを重要視する傾向は，21卒と20卒の双方で確認されたが，特に20卒においてこの傾向が強かった。内定先企業の雰囲気を重視する就活生は，企業説明会や座談会などのイベントで接した採用担当者やその他の社員から，企業の雰囲気を感じ取ろうとしていたし，何らかの要素を感じ取っていた。21卒もそういった要素を重視しないわけではなかったが，コロナ禍で対面での社員との接触機会が持てなくなったため，雰囲気を重視しようにもできない場合が多かった。彼らは，雰囲気以外の企業情報や，就職活動時の実際の企業対応をより重要視していた。

始めは適当に受ければいいやと思ってて，1回面接練習をしようって言われたことがあったんだけど，あんまやる気なくて適当なこと言ったら，マジでそんなんじゃダメだよって結構怒られて。次までにやってきてって言われて，逆に何かそれでやってやるぞってなって，その経験が自分にとって大きかったかもしれない。本当に人が良かった。(20卒／女性／銀行)

コロナでマイナスだったところは，会社の雰囲気や人間が分からなかったこと。(21卒／女性／食品)

オンライン面接した時に向こうが何を考えているか分からなかったし，面接官の態度とかでなんか違うかなって思って，志望度はちょっと下がったかな。(21卒／女性／商社)

【雇用条件】

　雇用条件の重要性は20卒からも指摘されたが，特に21卒から多く挙げられた。雇用条件の要素としては，収入，勤務地や転勤の有無，職務や職種の内容といったことが含まれ，就活生は，こうした情報をもとに，自分自身のキャリア志向や仕事観とその企業が合致しているかどうかを考慮していた。コロナ禍で企業説明会や面接がオンライン化されたことは，就活生にとっては雇用条件をより手軽に収集することに繋がった。

内定もらっても就職活動は続けた。1社目が商社で愛知県外だし志望業界じゃなかったから。あと営業職がいやだったし。2社目はITの会社で愛知県内だから最後はそこにした。職種と勤務地は自分にとって大事みたい。(21卒／女性／情報)

【潮時感】

　就活生が採用内定通知を企業から受け取る時期は様々である。特に，最も入社志望が強い企業の選考が終わる前に他の企業から内定通知を受け取った時，就活

生は少なからず悩むことになる。もし内定通知企業の雰囲気や労働条件が自身の求めるものに近く，比較的志望度が高い場合にはなおさらである。第一志望企業の選考終了までの間に内定通知企業への返答が求められる場合も，就活生は同様に悩まなければならない。

　第一志望企業による選考結果を待たずに就職活動を終わらせるのは，見方によってはリスク回避であろう。しかし，先に内定を通知してくれた企業の印象が好ましい場合，就活生はある程度前向きで，かつ自然な形で就職活動に終止符を打てるのである。コロナ禍での採用方針を企業が急に展開することを恐れ，なるだけ早く内定を取得し，受諾しようという動きも見られた。

　　エントリーを受け付けている会社も少なくなって，今内定を貰っている会社に決めるかもっと探すかという選択を，リクルーターや家族に相談しながら自分で考えて，最終的に今内定をもらっている会社に決めて就活を終え，他社を辞退した。満足度としては70％かな。(21卒／男性／情報)

　　やっぱり採用の取り止めが怖かったねー。損保は自然災害とかも多かった年だし予算の都合でカットされたらどうしようっていう不安はかなりあった。だから，多めに内定とるように頑張ってた。(21卒／女性／保険)

7．就職活動への思い

　インタビュー調査では，企業や後輩に対して伝えたいことを就活生に対して聴取した。結果として，就活生目線から見た現状の就職活動，さらには採用に対する，しばしば痛切で痛烈な問題提起となっていた。

◉──7-1 企業の採用への異議申し立て

コロナ禍に関連しないものとして，企業から「各就活生への」情報提供の不十分さが示された。企業説明会での企業からの発信は，すべての就活生，あるいは企業説明会への参加者に向けられたものであるが，それだけでは就活生が企業の採用活動に対して抱く不透明感は十分には払拭されない。企業が実際に対応できるかどうかはさておき，少なくとも就活生は，自分自身の就職活動を効果的に進めるための一般論以外の情報を，自身に直接接した人々からもらえることを期待しているのである。

> 面接に落ちたフィードバックが欲しい。自分的には完璧だったのに何で落ちたのだろうという会社もあった。メールして落選理由を聞いたが教えて貰えなかった。フィードバックを貰えれば自分のためになるし，学生にとってはいいかなと思った。(21卒／男性／情報)

就職活動に付随する合理性のない慣行に対しても，就活生の多くが疑問の目を向けていた。その中には，早期の内定受諾を迫る「オワハラ」のような，就活生を採用する側の都合で就活生を翻弄させるような取り組みへの批判も見られた。

> スーツで行くっていう訳分からない前提はやめて欲しい。私服の方がその学生の個性出るし。最後だけスーツでそれ以外は私服でいいのにと思っている。(20卒／男性／化学)

> ガクチカ[11]なんて1回聞けばオッケー。ES見てくれれば書いてあるじゃん。実践的な仕事っぽいことを急にさせてみて，その仕事への適性を見ることの方が，ガクチカの深掘りをするよりよっぽどいいよなあと思った。ガクチカなんて体裁だって企業ももう分かっているし，もっと実務的なことの方が分かりやすい気がする。(20卒／男性／化学)

内々定出した時に就活やめてねっていうオワハラが実際にあったから，今の企業が学生が何社も受けなくてはいけない状態にしているわけだから，そこでやめてねっていうのは違うんじゃないかなと。それを言うことで企業の価値を下げているみたいな。もう少し広い心で待ってほしいなっていうのはあったかな。(20卒／女性／電力)

　一方で，コロナ禍に関連した21卒特有の異議申し立ても見られた。その就活生がオンライン面接に対して前向きな印象を持っているどうかにかかわらず，企業側の対応に疑問を感じることが多かった。また，企業側が過剰に感染拡大リスクを恐れているとする就活生もいた。

接続が悪いとかやめて欲しい。入社予定企業が一番ひどかった。だからもっと不安にならないようにはしてほしい。(21卒／女性／保険)

インプットの合説や一次二次面接まではオンラインでやってもいいのでは。なんなら最終面接も選択するようにできればどこからでも参加できるし。(21卒／男性／運輸)

面接なんてどうせ大人数でそんなやらないしそれこそ密に気をつければいいからやればいいのに。そういう対策をしないで面接をただオンラインにされるのはちょっとおかしくない？(21卒／女性／サービス)

◉── 7-2　後輩へのアドバイス

　後輩へのアドバイスに関連した就活生による発言の根底には，自分自身が十分に情報を収集，咀嚼しきれなかったことへの後悔もしばしば垣間見られた。多くの就活生が，情報の収集や咀嚼といったことを事前に十分に行わないまま，就職活動というイベントの影響の大きさを過大評価し，自らを苦しめてきたのかもしれない。希望していた企業に入社できないという就職活動時点での「失敗」は，その後の経験次第で「失敗」でなくなるかもしれないし，就職活動の時から継続

する学習や内省次第では挽回も不可能ではない。

> 幅広くいろんな業界を見ること。あと今は難しいかもしれないけど，企業の人と接点を持って生の情報を仕入れることはすごい大事だと思う。悪いところも全部知ったうえで，覚悟を持ってやれればいいと思う。
> (20卒／女性／銀行)

> 入りたい企業は絶対に調べなくちゃいけないし，先輩からも絶対に話を聞いた方がいいなって思うし，ミスマッチしないためにも自分で努力出来るところはするべきかな。あと，就活は思い詰めるところがあると思うけど，合わなきゃ辞めればいいわけだし。転職で悪い企業に行くようになるわけじゃないし。そんなに思い詰めなくてもいいかなって思うかな。(20卒／女性／電力)

　コロナ禍を経験した21卒から度々得られた回答として，「偶然の出会いを大切にするべき」というものがあった。こうした考えが21卒に特有であるとは言い切れないが，コロナ禍における就職活動で，人と直接会える機会を十分に持てなかったからこそ，コロナ禍以前の出会いや，コロナ禍の最中でも生じる出会いの１つひとつを大切にしてゆこうとする傾向が芽生えたのだろう。このような考えを述べた21卒のいずれもが，実際に「偶然から生じた必然」を経験していた。コロナ禍以前の就職活動で出会った企業の社員と継続的に交流を持ったことや，アルバイトを通じてそれまで知らなかった業界を発見したことが，最終的な就職先を決定づけたのである。

> 早めから動くこと，インターンに通過してそのインターンで手を抜かないこと，誰かが自分のことを見ていると思うこと。私が何度も面談を重ねて最終面接も一緒だった人事部の人は私がインターン中にたまたま話しかけてきた社員さんで，その偶然が最終的な内定までに繋がってきたと思うから。見られてることを意識することが大事だと思った。
> (21卒／女性／食品)

(1) 本章に関わる分析および執筆は，編著者のほか，4人の学生調査メンバー（加藤大一，薗田竜弥，髙岡瞳，福安杏梨）が担当した。

(2) 異なる調査方法を組み合わせて現象に多角的かつ深く迫ることを「マルチメソッド」と言う。そもそも「定性的（qualitative）」な情報とは，フィールドの観察から得られる，当事者の主観的で固有性が高い言葉で紡がれる，語りや事例のことである。それに対して「定量的（quantitative）」な情報とは，統計的分析の対象あるいは産物としての，数値の体系である。ただし，これらの区分には厳密な二項対立的な対応関係はないし，密接に関連づくこともある（佐藤，1996）。したがって，これらの情報を補完的に活用することで，質的調査のみでは判明しきれない就活生の動向に関する全体的な傾向と，量的調査のみでは判明しきれない個々の就活生の思考や語りを照らし合わせ，それぞれについてより深い洞察を得て，新たな知見を総合的に産出することが可能となる。

(3) インタビュー協力者には近畿圏の大学に属する者が2名含まれる。

(4) 18卒を対象に就職活動に要した費用を調べたディスコ（2017）によると，就職活動費用の平均は143,943円であった。ただ，地方別で見ると，最も高い九州・沖縄が218,348円で，最も安い関東の118,891円と比べ，ほぼ倍の費用を負担していた。特に差額が大きかったのが交通費（九州・沖縄：110,935円，関東：46,782円）と宿泊費（九州・沖縄：26,883円，関東：1,596円）円であった。近畿や中部の就活生も，関東の就活生と比べ3万円弱の費用負担を行った。大都市圏に居住するか否かによっても費用負担は変わってくるだろう。

(5) もっとも，名古屋を中心とする東海圏は，首都圏や近畿圏に準じる多さでの就職先を有している。また，「名古屋人は地元志向が強い」と言われることが多いように，東海圏の就活生の多くは，首都圏や近畿圏，あるいは他の地方への移動に伴う負担を負わない。しかし，学歴やキャリア志向上の特性もあり，調査協力者の多くが東海圏以外での就職も想定に入れ，活動していた。

(6) 楽天株式会社により運営される就職活動関連の掲示板「みんなの就職活動日記」のこと。

(7) 株式会社ワンキャリアによって運営される就職活動関連の情報サイト「ONE CAREER」のこと。

(8) NPO法人エンカレッジ。第2章5-1も参照のこと。

(9) なお，コロナ禍以前に内定を獲得していたり，前年からインターンシップの参加や，早期の選考などを始めているような就活生は，コロナ禍に突入する頃には必要な情報をすでに集めていたため，コロナ禍においても不安感や焦りをあまり感じることなく，つまり悪影響をほとんど知覚しない形で情報収集ができていた。

(10)「グループディスカッション」の略称。

(11)面接選考時に話題になりやすい「学生時代頑張ったこと・力を入れたこと」の略称。

第 **5** 章　コロナ禍の就職活動における
　　　　 一般的傾向[1]

1．インタビューからサーベイへ

　インタビュー調査の結果，21卒が20卒と比べて多くの特異な経験を行っていることが分かった。21卒の経験の多くは，コロナ禍に伴う一部企業の採用中止，多くの企業による採用スケジュールの中断と後ろ倒し，そしてオンライン化に代表される企業との接点の形の変更によって形づくられた。就職活動を行う学生（以下，就活生）が重視した情報は変化していないものの，それを取得できる機会が大いに減少した。特に，就職活動のオンライン化により，入社志望企業の社風やオフィスの雰囲気など，多くの就活生が重視してきた情報が取得しにくくなり，彼らの不安を大きくした。その反面，オンライン化したからこそ生じた企業との出会い，あるいはオンライン対応の度合いという新たな企業評価の基準も生じた。21卒は，コロナ禍に伴う制約の中でも，得られた情報を読み解きながら，就職先を定めていった。

　インタビュー調査では多くの発見があったが，さらに確認されるべきことがある。本章では，様々な大学に在籍する／した就活生全般を対象とした計量的な調査を通じ，以下の問い（リサーチ・クエスチョン）への回答を目指す。それは，部分的にはインタビュー調査の発見の再確認であるが，インタビュー調査で調べきれなかったことについての探索も行う。

1．就活生は，就職活動の各段階において，どのような企業とどれだけ関わったのか。そこにコロナ禍による影響は見出せるか。

2．企業による就活生への対応はどのようなもので，就活生はそれをどう受け取ったか。そこにコロナ禍による影響は見出せるか。

3．就職活動のオンライン化，オンラインでの就職活動を就活生はどう受け取ったか。そこにコロナ禍による影響による影響は見出せるか。

4．就職活動のための情報の収集や活用を，就活生はどのように行ったか。そこにコロナ禍による影響は見出せるか。

5．就職活動を行う就活生の心理状態，不安要素やその解消法はどのような

表5-1 | デモグラフィックな特徴

変数名	概要	21卒 (n=302) 平均	標準偏差		20卒 (n=315) 平均	標準偏差
男性	該当＝1，非該当＝0	0.27	0.444		0.34	0.474
年齢	実年齢	22.44	1.115	<***	23.70	1.192
学部卒	該当＝1，非該当＝0	0.91	0.291		0.87	0.337

備考：***は，0.1％水準での有意性。

ものであったか。そこにコロナ禍による影響は見出せるか。

6．就活生はいつ就職活動を終え，就職活動から何を得たのか。そこにコロ
ナ禍による影響は見出せるか。

2．どのような分析サンプルか？

2021年1月15〜17日にかけて，計670人の就活生（21卒）および元就活生（20
卒）を対象に，インターネット上で調査を行った。彼らはすべて，株式会社マク
ロミルからの要請に応じて調査協力を行う「調査モニタ」である。670名のうち，
公務員として就職した28名，不適格な回答行動を行ったことが疑われる25名を
分析対象から除外した[2]。

まず，分析対象のデモグラフィック（人口統計学的）な特徴を確認したい（**表
5-1**）。以下，本章全体を通じ，21卒と20卒の平均値の差を確認するため，「t
検定」と呼ばれる統計的手法を度々用いる。有意水準（p値）が小さいほど両グ
ループの差は偶然ではない確率が高くなるが，一般的には5％を下回ることが，
確かな差の根拠とされる。

男女比に関しては，21卒と20卒の間で大きな差はなかったが，そもそも大学
生／大学院生の半分強が男性であるという実態からかけ離れている。女性が多い
というインターネット調査のモニタ構成の特徴（村上，2017）が反映されたと考
えられる。こうした時，サンプルの性別構成を母集団に合わせるウエイトバック

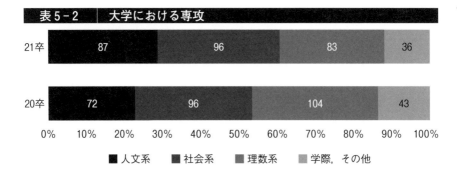

表5-2　大学における専攻

21卒	87	96	83	36
20卒	72	96	104	43

0%　10%　20%　30%　40%　50%　60%　70%　80%　90%　100%

■人文系　■社会系　■理数系　■学際，その他

集計が行われることがあるが，本研究では行わなかった。その代わり，サンプルに対して以下のような理解，対処を行った。

　第一に，就職活動を行う時点において，キャリア志向の内容における性差はある程度存在すると考えられる（坂爪，2014）[3]。しかしそのことは，「自分にとって適切な組織に属したい」という動機の強さとは別である。つまり，就職活動時点でのキャリア志向の強さについては男女の就活生の間で大きな違いはなく，本調査のサンプルは就職活動の実態を知るために不適切であるとは言い切れない。

　第二に，21卒と20卒の間での平均値の差を検討する変数群の一部については，性別に応じた差も実際に存在するが，限定的であった。しかも，21卒サンプルと20卒サンプルの間での性別構成が異なることが，就職活動年次に応じた種々の変数の平均値の差に対して与える影響は，十分な強さでは確認されなかった[4]。

　年齢差が1程度存在するが，21卒と20卒の本来の年齢差を考えると，大きな違和感はない。学部卒の比率が9割程度，つまり，大学院に進学した者が1割程度という結果についても，実態に合うものである（文部科学省，2020）。また，専攻内容については，人文系と社会系のいわゆる「文系」が，全体の半分強を占める結果となった（**表5-2**）。実態（文部科学省，2019）と比べると，人文系が多く，理数系が少ないという結果になった。この背景には，女性比率が高いという本サンプルの特徴があると考えられる。しかし，専攻の配分が実態と大きく乖離しているわけではない。なお，21卒と20卒の双方の間で，卒業の区分と専攻の配分に，大きな違いはなかった。

　「学歴フィルター」という言葉にあるように，就活生の所属校は就職活動に少

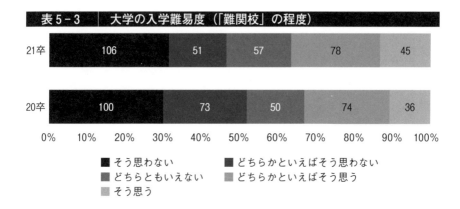

表5-3 │ 大学の入学難易度（「難関校」の程度）

21卒	106	51	57	78	45

20卒	100	73	50	74	36

0%　10%　20%　30%　40%　50%　60%　70%　80%　90%　100%

- そう思わない
- どちらかといえばそう思わない
- どちらともいえない
- どちらかといえばそう思う
- そう思う

なからず影響する可能性がある。そのため，本調査では，所属する，あるいはしていた大学の入学難易度についての主観的評価を回答者に求めた（**表5-3**）。そもそも「難関校」自体が明確な定義がないために回答結果の評価は難しいが，「難関校」に在籍する／していたと自認する就活生が全体の1割強いたこと，「難関校」に準ずる大学に在籍する／していたと自認する就活生が全体の2割強いたこと，そしてこれらの比率において21卒と20卒の間で明確な違いが見られなかったこと自体は，不自然なことではない[5]。

このように，特に男女比においてサンプルの代表性には限りがあるものの，就職活動の実態における21卒と20卒の間での比較を行うという意味では，大きな問題はないと考えられる。以下では，本章冒頭で設定した問いへの解明を，順次行いたい。

3. 就職活動における企業との関係

就職活動上の様々なイベントへの参加数を確認した（**表5-4**）。21卒も20卒も，インターンシップは数件，個別企業説明会は6～10件程度，合同企業説明会は5件を少し上回る程度，本選考エントリーは，10件程度になることが多いようだ。

21卒と20卒の間で統計的に有意な差があったのがインターンシップであり，

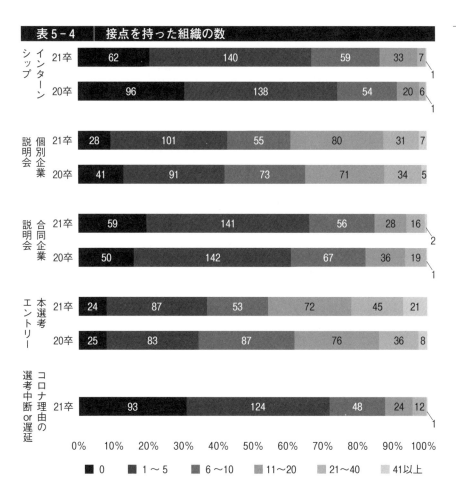

表5-4 ｜ 接点を持った組織の数

凡例: ■ 0 ■ 1〜5 ■ 6〜10 ■ 11〜20 □ 21〜40 □ 41以上

インターンシップ
- 21卒: 62 / 140 / 59 / 33 / 7 / 1
- 20卒: 96 / 138 / 54 / 20 / 6 / 1

個別企業説明会
- 21卒: 28 / 101 / 55 / 80 / 31 / 7
- 20卒: 41 / 91 / 73 / 71 / 34 / 5

合同企業説明会
- 21卒: 59 / 141 / 56 / 28 / 16 / 2
- 20卒: 50 / 142 / 67 / 36 / 19 / 1

本選考エントリー
- 21卒: 24 / 87 / 53 / 72 / 45 / 21
- 20卒: 25 / 83 / 87 / 76 / 36 / 8

コロナ理由の選考中断 or 遅延
- 21卒: 93 / 124 / 48 / 24 / 12 / 1

21卒の方が多くのインターンシップを経験する傾向にある（1％水準）。21卒にとって，インターンシップの多くが実施された時期は2019年の夏や秋などコロナ禍が本格化する前で，インターンシップが普及してきた年来の傾向が現れていたと思われる。

　また，半数を越える21卒が，コロナ禍に伴う選考の中断や遅延を経験している。約3割の就活生は6件以上の中断や遅延を経験しているが，こうしたことは，彼らの就職活動に修正を強いることが多い。実際，半分強（54.3％）の就活生が追加エントリーを行い，半分弱（43.4％）がエントリー予定の撤回を経験した。

表5-5	就職活動の拠点と活動範囲					
変数名	概要	21卒 (n=302) 平均	標準偏差	20卒 (n=315) 平均	標準偏差
就活時に関東に居住	該当＝1，非該当＝0	0.46	0.499	0.44	0.498
居住地以外で就活	該当＝1，非該当＝0	0.08	0.272	0.07	0.259
就活を行った地域の数	実数	1.43	0.763	1.35	0.870

　明確な理由を持って追加エントリーを行った就活生（21卒全体の48.2％）が理由[6]として多く挙げたのは，「オンライン選考になったことで就職活動に伴う移動上の制約が小さくなったから（同23.0％）」，「コロナ禍の中でも最終的に1つ以上の組織からの内定をもらいたかったから（同21.6％）」，「コロナ禍の中，妥当なエントリーの数や対象が分からなくなったから（同14.0％）」といったものであった。採用のオンライン化により，当初想定していなかった出会いを企業と就活生が経験したという第3章，第4章の発見事実が裏づけられた。それと同時に，コロナ禍での就職活動が就活生の不安感や漂流感を促した側面も見てとれる。

　明確な理由を持ってエントリー予定を撤回した就活生（21卒全体の37.8％）が理由[7]として多く挙げたのは，「もともと予定していた採用を中止した組織があったから（同11.9％）」，「その組織に就職することに伴う生活上の変化が，コロナ対策上望ましくなかったから（同8.9％）」，「もともと予定していた採用日程を延期／変更した組織があったから（同8.3％）」といったものであった。募集を中止したわけでもない企業へのエントリーを取りやめたことは，就活生から企業への不信感の現れなのかもしれない。また，特定の企業や業界への志望度が，コロナ禍によって下がったことも見てとれる。もっとも，明確な理由を持ってエントリー予定を撤回した事例は，追加エントリーと比べて多くはない。

　企業の本社が多く集積するのが東京都であるが，東京都を中心とした関東地方に就職活動時に居住していた者は，全体の半分弱であった。Uターンなどを理由に居住地域以外で就職活動を行っていた者はほとんど見られなかった。そして，7割を超える就活生が「地元」に範囲を絞った就職活動を実施していた。これら3変数に関し，21卒と20卒の間で大きな傾向の違いは見られなかった（**表5-5**）。

4．内定受諾企業による対応

　企業は就活生を引きつけつつ絞り込むため，様々な施策を講じている。そうした施策を就活生はどう捉えたのだろうか。本調査では，内定受諾を行った企業による扱いについて尋ねている。内定受諾をした企業であるため，多くの回答者が好ましい評価をすることが予想されるが，項目間での水準の差や，21卒と20卒の比較を行いたい（**表5-6**）。

　まず，自分を理解してくれる，自分が緊張しすぎないように配慮してくれる，公正に自分に向き合ってくれる，といった姿勢を，内定受諾企業に対して多くの就活生が感じていた。多くの企業が，就活生を厳正に審査するということ以前に，就活生に対して誠実であることをアピールしようとしていたのだろう。それと比べ，自分のキャリアについて考える機会，多くの社員と接する機会を内定受諾企業が与えてくれたとは，感じられにくくなっている。企業は，就活生に対して誠実であろうとする姿勢とは裏腹に，実際の情報提供が追いついていないのかもしれない。

　内定受諾企業の対応について，21卒が20卒と比べ，多くの面でより好意的に評価をしていた。コロナ禍の中，就活生も企業も不透明感や不安感の中で様々な試行錯誤を行ってきた。こうした両者の関係性においては，行き届かない企業対応に就活生が不満を抱くことはあるのかもしれないが，企業側の努力の過程そのものを評価する，あるいは許容する，ということも増えてきている。採用と就職活動の大きな地殻変動の中，最終的なマッチングの質が向上している可能性がある。

　実際，内定受諾企業に所属することの前向きさが，就職活動の各段階を経て強まる傾向は，21卒の方がより顕著である（**表5-7**）。就職活動前では20卒の方が前向きだったのが，程なく逆転し，内定取得後や内定受諾後には，統計的に有意な差が明らかに見える形で，21卒の方が前向きになっている（それぞれ5％水準）。コロナ禍が長期化する中，なんとか内定先を確保できたという就活生側の安心感が，内定受諾企業に所属することへの前向きさを強めている可能性がある。しかし，面接選考や内定者フォローの段階での企業から就活生への働き掛けが，コロ

表5-6	内定受諾企業による対応						

変数名	概要	21卒 (n=302) 平均	標準偏差		20卒 (n=315) 平均	標準偏差
総じて公正に応対してくれた		4.21	0.739	>**	4.03	0.927
自分のことをよく理解しようとしてくれた		4.33	0.739	>***	4.08	0.869
あなたが緊張しすぎないように配慮をしてくれた		4.28	0.813	>**	4.05	0.968
あなたが正直な発言をしやすい配慮をしてくれた		4.22	0.785	>***	3.91	0.981
あなたのキャリアについて考える機会をくれた		3.84	0.902		3.70	1.001
組織とあなたの適性について考える機会をくれた		4.00	0.880	>***	3.74	0.974
組織への理解を深める機会をくれた	そう思わない＝1〜そう思う＝5	4.05	0.928	>***	3.74	0.974
多くの構成員（社員／職員）と接する機会をくれた		3.61	1.100		3.45	1.100
組織で働くことに関する質問に何でも答えてくれた		4.05	0.852	>**	3.83	0.930
組織で働くことの魅力を教えてくれた		4.00	0.931	>***	3.74	0.966
組織があなたを必要としていることを伝えてくれた		3.89	0.903	>*	3.70	1.007
選考活動が長引かないよう早めの対応をしてくれた		3.94	0.945		3.86	1.010
選考活動における各種連絡が手際よく行われた		4.09	0.898	>*	3.91	0.962

備考：***は0.1％水準，**は1％水準，*は5％水準での有意性。

ナ禍の中でより綿密なものとなっている可能性もある。

　企業対応の変化がマッチング強化に貢献している可能性を確認するため，（1）エントリー時，（2）面接進行中，および（3）内定受諾後，の各段階において，内定先企業によるどのような関与が，就活生の内定受諾企業への所属の前向きさに繋がるかについて確認した。確認にあたっては，複数の原因による結果への影響を同時に推定できる重回帰分析（順序プロビット分析）という手法を用いた（**表5-8**）[8]。

表 5-7 　　内定受諾企業への所属の前向きさの変化

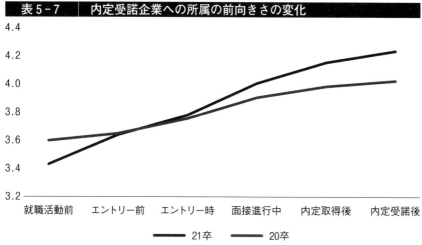

備考：各指標の最低値は 1 ，最大値は 5 である。

表 5-8 　　内定受諾企業の対応が所属の前向きさに与える影響

	エントリー時の所属の前向きさ	面接進行中の所属の前向きさ	内定取得後の所属の前向きさ
総じて公正に応対してくれた		+*	
自分のことをよく理解しようとしてくれた			
あなたが緊張しすぎないように配慮をしてくれた			
あなたが正直な発言をしやすい配慮をしてくれた			
あなたのキャリアについて考える機会をくれた	+**		+*
組織とあなたの適性について考える機会をくれた			
組織への理解を深める機会をくれた			+***
多くの構成員（社員／職員）と接する機会をくれた			
組織で働くことに関する質問に何でも答えてくれた			+*
組織で働くことの魅力を教えてくれた			
組織があなたを必要としていることを伝えてくれた			
選考活動が長引かないよう早めの対応をしてくれた			
選考活動における各種連絡が手際よく行われた			

備考 1 ：サンプルサイズは617（21卒と20卒の合計）。
備考 2 ：＋は統計的に有意な正の相関を表す。
備考 3 ：***は0.1％水準，**は 1 ％水準，*は 5 ％水準での有意性。

　興味深い発見がいくつかある。まず，内容やプロセスの点で偏りがない，公正な対応を企業がしてくれることを就活生は重視する。そしてその傾向は，当該企業によって自らが選考されている時に顕著なものとなる。自明な結果ではあるが，採用を行う企業側が注意すべきことが，改めて確認できた。

　第二に，企業やそこで働くことについての情報提供を就活生が重視するのが，採用選考の途中ではなく，それが終了し，内定を獲得した後である。第3章で見たように，近年の多くの企業が，就活生との接点形成の段階から，彼らに対して自社や働くことに関する現実的な情報を提供しようとしている。それは，本来自社に合わない就活生のエントリーを予防し，選考の効率やマッチングの精度を高めるためである。しかし，そういった情報が真に就活生に注目されるようになるのは，彼らに内定を出した後なのである。企業から就活生への情報提供の有効性は確認されたものの，採用選考の初期段階での適切な「母集団形成」という機能は十分に果たせていないのかもしれない。

　第三に，自分のキャリアについて考える機会，すなわち成長支援を企業が提供してくれることを，就活生は好意的に受け取る。自らとの相性というよりは，自らにとっての好ましさという観点から，就活生はエントリー，そして入社する企業を選ぶ傾向があるのかもしれない。

　就活生が企業とオンラインで関わる傾向をコロナ禍が助長させたことは疑いないが，実際どの程度オンライン化が進んだのだろうか。これまで同様，就活生と彼らが内定受諾を行った企業との関係を事例に，検討した（**表5-9**）。

　就職活動の各段階において，21卒は20卒以上にオンライン上での企業とのやりとりを経験している[9]。この差は，企業による選考が進むにつれて，そして選考の後において，より顕著なものとなる。21卒のインターンシップにおけるオンライン化の度合いがそれほど高くないのは，インターンシップの多くが，コロナ禍の前，例えば2019年内に開催されたためであろう。21卒を対象とした座談会や面談，そして企業説明会は，コロナ禍の広まりと開催時期が重複しているため，オンライン化が高くなったのだろう。最終面接におけるオンライン化の比率が一次面接や内定後フォローの段階と比べてやや低いことから，「最後は対面で」という企業側の意思が見てとれる。

　もっとも，21卒においてすら，選考段階のすべてにおいて，全面的にオンラ

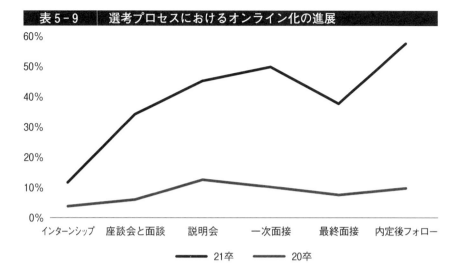

表5-9　選考プロセスにおけるオンライン化の進展

イン化が進展したわけではない。就活生のオンライン経験は，彼らがどういう企業と関わりを持つかによって変わる。そこで，回答者が内定受諾を行った企業の従業員数[10]に関する質問への回答内容に基づき，21卒を（1）小規模企業所属予定（54名），（2）中規模企業所属予定（127名），（3）大規模企業所属予定（121名）に区分し，就職活動の各段階におけるオンライン経験の度合いをグループ間で比較した（**表5-10**）。

　分析の結果，小規模企業に所属する予定の21卒は，他の21卒と比べ，オンライン経験が少なくなりがちであることが確認された。特に，座談会と面談，企業説明会，内定者フォローの3つの局面では，中規模企業に所属する予定の21卒，大規模企業に所属する予定の21卒の双方と比べ，オンライン経験者の比率が統計的に有意な水準で低くなった。一次面接においては，大規模企業に所属する予定の21卒のみと比べて，オンライン経験者の比率が統計的に有意な水準で低くなった。

　企業の規模が大きくなるほど採用のオンライン化が進みがちではあるが，規模が大きい企業ほど，採用のオンライン化を進めるために必要な資源を保有しやすいのみならず，世評を意識しやすいのだろう。もっとも，インターンシップについては，コロナ禍の前に開催されることが多かったためか，オンライン化の比率

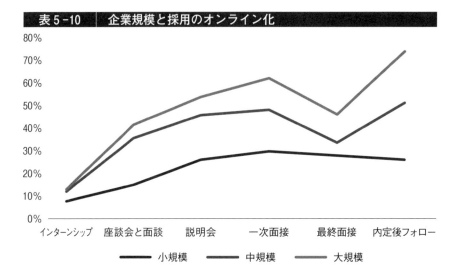

表5-10　企業規模と採用のオンライン化

小規模　　中規模　　大規模

に大きな差はなかった。最終面接についても，あらゆる規模の企業で「最後は対面で」という採用側の心理が働いたのだろう。中規模組織と大規模組織では，内定後フォローを除いて，顕著な差はなかった。

5．オンラインでの就職活動への評価

　20卒にとってもオンラインでの就職活動は全く無縁のものではなかったが，21卒の多くがそれを本格的に実践せざるを得なくなった。多くの就活生にとって，オンラインでの企業とのやりとりは，当初は多くの違和感を抱かせるものであっただろう。しかし，多くの経験を重ねる中で徐々に慣れ，よい印象を抱くこともあるかもしれない。

　実際，21卒は20卒と比べ，就職活動の様々な段階がオンラインで行われることについての違和感を持ちにくい傾向にある（表5-11）。平均的には，21卒も20卒も，就職活動の様々な段階について，対面で行われることをより好む傾向がある。しかし21卒は，特に一次面接においては，20卒と比べてはるかにオンライ

表5-11	就職活動の各段階におけるオンライン選好度

変数名	概要	21卒 (n=302)			20卒 (n=315)	
		平均	標準偏差		平均	標準偏差
インターンシップ	対面を選好＝1～オンラインを選好＝5	1.98	1.119		1.82	1.006
一次面接		2.76	1.406	>***	2.09	1.159
最終面接		2.06	1.192	>**	1.83	1.005

備考：***は0.1％水準，*は５％水準の有意性。

ンに対して寛容で，「対面を好む」，「どちらかといえば対面を好む」とした者は45.7％であった（20卒は66.0％）。半分以上の回答者が，オンライン面接をより好むか，中立的であった。

　もっとも，オンラインでの企業とのやりとりについては，肯定的見解に比べて否定的な見解が多いのが，20卒に加え，21卒についても依然として現実である。面接の際の気持ちの落ち着きや情報の伝えやすさを指摘する就活生は限定的で，通信環境への不安，会話を継続させることの困難さ，面接相手が醸し出す雰囲気の捉えにくさを，半数に近い就活生が指摘している[11]。通信環境への不安を21卒が20卒よりも明確に指摘しがち（５％水準）なのは，オンライン面接の頻度の多さに起因するのであろう。また，オンライン面接に落ち着いて臨める傾向（５％水準）が，21卒において20卒よりも強く見られる。慣れの賜物であろう（**表5-12**）。

　就職活動の各段階でオンラインでのやりとりをより好む就活生は，現時点では少数派である。それでは，オンライン面接についてどのような印象を抱く就活生が，それをより好みがちなのだろうか。オンライン面接への具体的印象を指し示す10の項目に着目し，複数の原因による結果への影響を同時に推定できる重回帰分析（順序プロビット分析）によって確認した（**表5-13**）。

　分析の結果，通信環境への不安，会話を継続させることの困難さ，面接相手が醸し出す雰囲気の捉えにくさといった，多くの就活生によって指摘された項目が，就職活動上でのオンラインのやりとりを実際に敬遠させる結果となった。その反面，事前の練習のしやすさ，落ち着きやすさといった，オンライン上でのやり取りにおけるメリットを見つけられる就活生は，就職活動上でのオンラインのやり

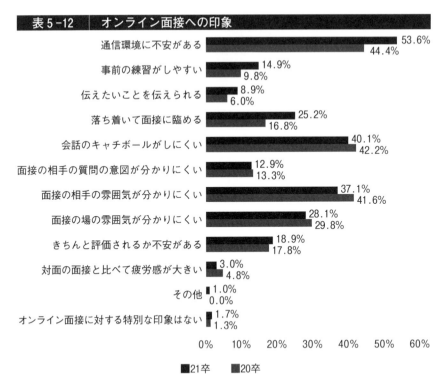

表 5-12　オンライン面接への印象

	21卒	20卒
通信環境に不安がある	53.6%	44.4%
事前の練習がしやすい	14.9%	9.8%
伝えたいことを伝えられる	8.9%	6.0%
落ち着いて面接に臨める	25.2%	16.8%
会話のキャチボールがしにくい	40.1%	42.2%
面接の相手の質問の意図が分かりにくい	12.9%	13.3%
面接の相手の雰囲気が分かりにくい	37.1%	41.6%
面接の場の雰囲気が分かりにくい	28.1%	29.8%
きちんと評価されるか不安がある	18.9%	17.8%
対面の面接と比べて疲労感が大きい	3.0%	4.8%
その他	1.0%	0.0%
オンライン面接に対する特別な印象はない	1.7%	1.3%

とりを好む結果となった。

　面接相手の雰囲気の分かりにくさが及ぼす影響の広さからは，就活生は非言語的情報を就職活動上重視していることが改めて確認できた。また，自分を十分にアピールできることが，オンライン上でのやり取りを好むことには結びつかなかった。自分が適切に評価されないことを恐れてオンライン上のやりとりを敬遠するということも，最終面接の局面を除いて結びつくことはなかった。「何が何でも企業に自分を選ばせる」というアグレッシブさを，就活生はそれほど持たないのかもしれない。

| 表5-13 | オンライン面接への印象が就職活動のオンライン化への選好度に与える影響 |

	インターンシップでのオンライン選好	一次面接でのオンライン選好	最終面接でのオンライン選好
通信環境に不安がある			−*
事前の練習がしやすい			+**
伝えたいことを伝えられる			
落ち着いて面接に臨める		+***	+*
会話のキャッチボールがしにくい			−**
面接の相手の質問の意図が分かりにくい			
面接の相手の雰囲気が分かりにくい	−**	−**	−***
面接の場の雰囲気が分かりにくい		+**	
きちんと評価されるか不安がある			−*
対面の面接と比べて疲労感が大きい			

備考1：サンプルサイズは617（21卒と20卒の合計）。
備考2：＋は統計的に有意な正の相関、－は統計的に有意な負の相関を表す。
備考3：***は0.1％水準、**は1％水準、*は5％水準での有意性。

6. 就職活動における情報の収集と活用

　就職活動において就活生は様々な情報に触れる。その一部は自ら探し出すものであるが、別の一部はそれほど積極的にならなくても（自動的に）転がり込んでくる。ここでは、就活生が就職活動に関するどのような情報に触れ、それをどう活用しているのかについて、21卒と20卒の比較をしながら確認したい。企業が注力して発信しているにもかかわらず、就活生には重視されていない情報の他、企業が軽視しつつも就活生が重視している情報が存在しうる。

　多くの就活生が意味あるものとしていた情報源[12]には、個別あるいは合同での企業説明会、採用情報に関する就活生向けの発表、インターンシップがある（**表5-14**）。これらは、就活生を採用する企業が、就活生向けに設けた場であった。そのため、就活生にとっては、一度これらの場に参加すると、自分自身がそれほど積極的にならずとも情報を集めることができた。効率的な情報収集を可能にす

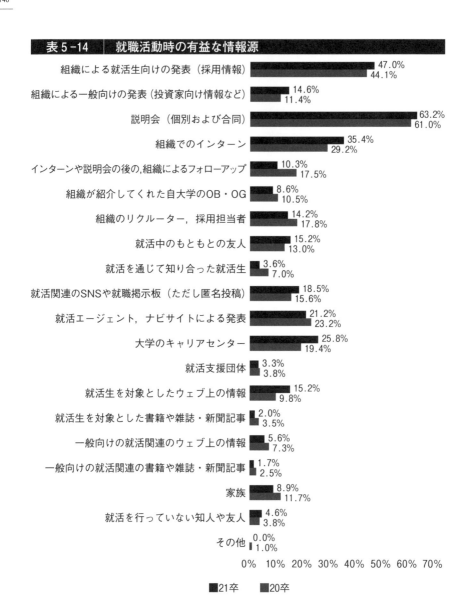

表 5-14　就職活動時の有益な情報源

情報源	21卒	20卒
組織による就活生向けの発表（採用情報）	47.0%	44.1%
組織による一般向けの発表（投資家向け情報など）	14.6%	11.4%
説明会（個別および合同）	63.2%	61.0%
組織でのインターン	35.4%	29.2%
インターンや説明会の後の，組織によるフォローアップ	10.3%	17.5%
組織が紹介してくれた自大学のOB・OG	8.6%	10.5%
組織のリクルーター，採用担当者	14.2%	17.8%
就活中のもともとの友人	15.2%	13.0%
就活を通じて知り合った就活生	3.6%	7.0%
就活関連のSNSや就職掲示板（ただし匿名投稿）	18.5%	15.6%
就活エージェント，ナビサイトによる発表	21.2%	23.2%
大学のキャリアセンター	25.8%	19.4%
就活支援団体	3.3%	3.8%
就活生を対象としたウェブ上の情報	15.2%	9.8%
就活生を対象とした書籍や雑誌・新聞記事	2.0%	3.5%
一般向けの就活関連のウェブ上の情報	5.6%	7.3%
一般向けの就活関連の書籍や雑誌・新聞記事	1.7%	2.5%
家族	8.9%	11.7%
就活を行っていない知人や友人	4.6%	3.8%
その他	0.0%	1.0%

0%　10%　20%　30%　40%　50%　60%　70%

■21卒　■20卒

る場であると言えよう。

　企業以外の主体が設けた場も，情報源として活用される傾向にあった。具体的には，大学のキャリアセンター，就活エージェントやナビサイトによる発信，就

活関連のSNSや就職掲示板であった。企業やその代理人により発せられる「公式的な」情報だけでなく，投稿者を特定できないような「非公式的な」情報を就活生が重視する傾向はインタビュー調査（第4章）でも示されたが，実際の職場環境などの非定型的な情報を就活生が強く求めていたことが，本章のデータからも理解できる。もっとも，真偽が定かでない情報に対し，少なくない就活生が疑念や，利用することに伴う疲労感を持つという側面もある。

　近年，多くの企業が就活生とのマッチングのため，OB／OGやリクルーターを派遣している。しかし，就活生にとっての彼らとの関係は，少なくとも情報源としては，それほど有用なものと見なされていなかった。就活生は，OB／OGやリクルーターとの接点を，所属を希望する企業との関係構築の，あるいは就職活動が進展しているという実感を得るための手段としているのかもしれない。

　近年の社会全体での関心もあって，就職活動や採用に関する情報は就活生を対象としたもの以外にも多く溢れている。これらの多くは採用担当者も目にする可能性が高いため，就活生としても目にし，学ぶことには一定の合理性があると考えられる。しかし，そこまで情報収集の範囲を広げる就活生はほとんどいない。少なくとも情報の量や質という面において，就活生の間で生じにくいようだ。

　重視の度合いにおいて21卒と20卒の間で統計的に有意な差が見られた情報源は限定的であった。まず，21卒は20卒と比べ，インターンシップや企業説明会の後の企業からのフォローを情報源としない傾向がある（5％水準）。コロナ禍の中，企業と就活生の対面での接触機会が減少し，インターンシップや企業説明会がオンライン化することが多い。イベントの前後，あるいはイベントの最中の対応に企業側が多くの労力を割き，就活生との関係構築まで手が及ばない可能性がある。

　また，論文，記事，コラム，ブログ，SNS上での実名投稿など，就活生を対象としたウェブサイト上の情報を，21卒は20卒以上に重視する傾向があった（5％水準）。企業の採用担当者や他の就活生と対面でやり取りする頻度が低下し，そこからの情報が得にくくなる中で，情報を補完しようとしたのだろう。

　重視する情報源については21卒と20卒の間で部分的な違いしかない中，就活生は情報の収集や利用についてどのような意識を持っていたのだろうか（**表5-15**）。21卒と20卒に共通する傾向としてまず顕著なのが，情報収集において，

表 5-15	就職活動に関する情報に対する意識

変数名	概要	21卒 (n=302) 平均 標準偏差			20卒 (n=315) 平均 標準偏差	
多くの就活生が手に入れる情報は自分も手に入れる		3.86	0.834	>*	3.71	0.092
就職活動関連の情報を積極的に手に入れることで他の就活生に差をつける		3.46	1.023		3.31	1.040
就職活動に関連しない情報を積極的に手に入れることで他の就活生に差をつける		3.00	1.066		3.07	1.071
就活生同士の情報交換においてはギブアンドテイクの原則を守る	当てはまっていなかった＝1〜当てはまっていた＝5	3.24	1.019		3.18	1.050
就活生同士の情報交換においては相手の本音を引き出す		3.14	1.002		3.19	1.005
就活生同士の情報交換においてはこちらの本音を見せる		3.36	0.967		3.31	1.014
手に入れた情報は自分なりに理解できるまでじっくり考える		3.76	0.909	>*	3.57	0.989
理解しきれない情報について自分1人で抱え込まず周りの人と一緒に考える		3.59	0.924	>*	3.40	0.990
信頼性のある情報源とそうでない情報源で扱いを変える		3.75	0.888		3.64	0.893
就職活動に関する自分の理解や考えが全体として妥当か振り返る		3.81	0.821	>*	3.63	0.884

備考：＊は5％水準での有意性。

　他の就活生に劣後しないようにするという意識が極めて強いことであった。さらには，それほどではないにせよ，情報面で他の就活生に対して優位に立とう，あるいは自分らしさを出そうという意識もある程度強かった。また，得た情報を鵜呑みにせず，自分なりにどう理解し，活かすかを考える傾向も，21卒と20卒の双方で顕著に見られた。就職活動は情報戦だとしばしば言われるが，多くの就活生がそのことを意識していた。

　21卒と20卒を比較した場合，21卒の方が，多くの情報を集めるだけでなく，集めた情報を周りの人々と咀嚼し，就職活動への姿勢を適宜改めようとしていた。コロナ禍で就職活動を行う就活生は，前例のない，不透明な状況に対応するため，正確な情報を求める。少子化や労働力人口の減少が続く中，「売り手市場」の基

調は変わらないものの，コロナ禍の採用と就職活動においては，企業側も就活生側もマッチングを紡ぐのに苦慮している。そうした中でも成果を出すため，従来の就活生以上に情報の精度や理解を深める努力を，21卒は行っていた。

　就職活動に関する情報への意識が異なると，重視する情報源も異なってくる可能性がある。この点を確認するため，情報に対する捉え方に関する10の項目に着目し，複数の原因による結果への影響を同時に推定できる重回帰分析（ロジスティック回帰分析）によって確認した。分析の結果，情報に対するある意識を強く持つか否かによって，特定の情報源が重視または軽視される確率が異なることが明らかになった（**表5-16**）。分析結果の一部について，解釈を行いたい。

　本調査では，情報面での他の就活生に対する比較優位性に関し，3つの設問を設けた。特に，「就職活動に関連しない情報を積極的に手に入れることで他の就活生に差をつける」というものは，就職活動を情報戦として捉えた場合，最も包括的で周到なものである。21卒においても20卒においても，平均値は理論的な中心点である3に近く，多くの就活生にとって馴染みのない意識であった。

　こうしたことを率先して行う就活生は，インターンシップや企業説明会の後のフォローアップ，一般向けの就活関連の書籍などといった，一般の就活生がそれを獲得する手間を惜しむ，あるいは獲得するという発想がそもそも働かないような情報源を重視する傾向にあった。また，企業発の採用情報や企業説明会といった，多くの就活生が重視する情報源は，包括的で周到な情報収集を行う就活生には，重視されにくかった。他の就活生との差別化の要因にならない情報は，あって当たり前のもので，そこに特段の価値を置かないのである。ちなみに，ここまで挙げてきた情報源のうち，一般向けの就活関連の書籍や雑誌・新聞記事は，「就職活動関連の情報を積極的に手に入れることで他の就活生に差をつける」就活生にも支持されており，比較優位性を築く手段として普遍性があることをうかがわせる。企業説明会の情報は，「多くの就活生が手に入れる情報は自分も手に入れる」就活生，すなわち劣後しないことを意識する就活生に支持される傾向にあった。

　「手に入れた情報は自分なりに理解できるまでじっくり考える」就活生は，就活生なら誰しも手にするような企業説明会での情報も軽視しなかった。彼らは，自らの経験を過信せず，手にした情報を一旦受け取って吟味しようとする。また，

表5-16　情報に対する意識が情報源の選択に与える影響

情報に対する意識	重視される情報源	軽視される情報源
多くの就活生が手に入れる情報は自分も手に入れる	説明会（個別および合同）** 就活エージェント，ナビサイトによる発表*	
就職活動関連の情報を積極的に手に入れることで他の就活生に差をつける	組織でのインターン* 就活生を対象とした書籍や雑誌・新聞記事*	就活を通じて知り合った就活生*
就職活動に関連しない情報を積極的に手に入れることで他の就活生に差をつける	インターンや説明会の後の，組織によるフォローアップ** 一般向けの就活関連の書籍や雑誌・新聞記事*	組織による就活生向けの情報（採用情報）* 説明会（個別および合同）**
就活生同士の情報交換においてはギブアンドテイクの原則を守る		
就活生同士の情報交換においては相手の本音を引き出す		就活中の友人* 大学のキャリアセンター*
就活生同士の情報交換においてはこちらの本音を見せる		
手に入れた情報は自分なりに理解できるまでじっくり考える	就活エージェント，ナビサイトによる発表** 就活生を対象としたウェブ上の情報**	
理解しきれない情報について自分1人で抱え込まず周りの人と一緒に考える	就活中の友人*	一般向けの就活関連のウェブ上の情報*
信頼性のある情報源とそうでない情報源で扱いを変える	組織による就活生向けの情報（採用情報）*	
就職活動に関する自分の理解や考えが全体として妥当か振り返る		

備考：**は1％水準，*は5％水準での有意性。

インターネット上に限られてはいるが，転職エージェントやナビサイトからの発信に加え，就職関連の論文，記事，コラム，ブログ，SNS上での実名投稿にも目を配っていた。特殊な情報を入手し，活用する，ということはないかもしれないが，自らの就職活動を着実に進めていこうという意思が表れている。

　情報の収集や活用についてどのような意識を持っている就活生が，就職活動か

表5-17	情報に対する意識が就職活動の結果に及ぼす影響		
	自己理解の深まり	自らの能力への自信	就職できることへの安心感
多くの就活生が手に入れる情報は自分も手に入れる			+*
就職活動関連の情報を積極的に手に入れることで他の就活生に差をつける	+***	+*	
就職活動に関連しない情報を積極的に手に入れることで他の就活生に差をつける		+*	-***
就活生同士の情報交換においてはギブアンドテイクの原則を守る		+*	
就活生同士の情報交換においては相手の本音を引き出す			-*
就活生同士の情報交換においてはこちらの本音を見せる			
手に入れた情報は自分なりに理解できるまでじっくり考える	+**		+*
理解しきれない情報について自分1人で抱え込まず周りの人と一緒に考える		+*	
信頼性のある情報源とそうでない情報源で扱いを変える	+*		+**
就職活動に関する自分の理解や考えが全体として妥当か振り返る	+**	+***	+**

備考1：サンプルサイズは617（21卒と20卒の合計）。
備考2：＋は統計的に有意な正の相関，－は統計的に有意な負の相関を表す。
備考3：***は0.1％水準，**は1％水準，*は5％水準での有意性。

ら有意義な結果を得られるのだろうか。就職活動終了時の就活生の心境の中から，「自己理解の深まり」，「自らの能力への自信」，「就職できることへの安心感」の3つに着目し（本章**第8節**参照），情報についての10の意識を徹底させることとの関係性を重回帰分析（順序プロビット分析）によって確認した（**表5-17**）。

　就職活動のための情報収集を積極的に行ったことで，就活生は自分自身や自分を活かせる場についての理解を得ることができる。そして，こうした情報収集を通じて就職活動で一定の成果を得たことで，就活生は自らの能力の深まりを確信できるようになる。

　他の就活生並みの情報収集を行う就活生が就職活動終了時に感じるのは，自己

理解や有能感を伴わない形での安心感であった。他の就活生に対する比較優位性を確立しない中でも就職活動を終えられたことによって，「私のような人間でも就職できる」といった安心感が抱かれたのだろう。

　その反面，就職活動関連の情報で他の就活生に対して優位性を確立することを目指した就活生は，結果として深い自己理解や有能感を確立する傾向にある。自身のキャリア志向を見出すためのキャリア・デザインは自分自身に関するものであるが，内定獲得というという競争的側面を踏まえると，収集し，利用すべき情報は，単に多く，良質であればいいわけではない。決して楽な道のりではないが，「他の就活生と比べて」多く，良質な情報を収集し，利用するという心掛けが，結果として就活生を利するようだ。

　情報収集の範囲を就職活動に関連しないものまで広げるような，最も周到な活動を行った就活生も，自らの能力に対する自信を就職活動終了時点で持つようになる。それに加えて特徴的なのが，こういった就活生ほど，就職活動終了時に安心感を抱かないことである。就職活動は長い，波乱に満ちたキャリアの第一歩に過ぎず，その成果に一喜一憂すべきでないとしているのかもしれない。

　他の就活生との関わりを十分に統制できるかどうかも，就職活動の結果と関わりを持っている。単に周囲から情報を得るだけでなく，それに見合う情報を提供することは，自らの有能さを就活生に知覚させる。相手の本音を引き出すというより積極的なコミュニケーションを行える就活生についても，就活終了時に安心感を抱きにくい。能力や経験に裏づけられ，就職活動の成果を「やっと手にしたもの」とは思わないのだろう。

　得た情報について個人的あるいは他者とともに咀嚼し，自らの就職活動について考え直す素材とすることは，就活生に好ましい心理的影響を及ぼす。特に，就職活動に関する理解や考えを適宜磨き上げ，更新することは，自己理解，有能感，安心感のすべてを促進する。経験の中での継続的な学習の重要性を物語る。

7．就活生の心理状態

　就職活動は長期にわたるため，多くの就活生がそれにストレスを覚えるだろう。足元や先行きの不透明感におぼつかない感覚を覚えることも少なくないだろう。しかし，それは新たな自分に気づく，あるいは自分の未来を切り開く活動でもあるため，就職活動のプロセスや結果に喜びを覚えたり，奮い立つこともある。

　本調査では，ワーク・エンゲージメントという概念を就職活動に応用し，就職活動に対して就活生がどれだけ充実感を覚えているかについて測定した。Shimazu et al.（2008）よると，ワーク・エンゲージメントとは，仕事に関連するポジティブで充実した心理状態である。先行研究では，ワーク・エンゲージメントは，就業中の高い水準のエネルギーや心理的な回復力を意味する「活力」，仕事への強い関与，仕事の有意味感や誇りを意味する「熱意」，仕事への集中と没頭を意味する「没頭」，の3つの下位次元からなると見なされることが多い。そこで本調査では，3つの下位次元のそれぞれに対応する質問項目（5点尺度）を1つずつ設けた。

　心理学に首尾一貫感覚（sense of coherence）という概念がある。これは，自分の内的・外的な環境が適度に予測可能であるだけでなく，物事をうまく運べる公算が大きいという個人の確信である（Antonovsky, 1987）。これらが高い人は，人生における危機に直面した際に，前向きに生き抜くことができるとされている。首尾一貫感覚は，（1）有意味感，（2）統制感，（3）落ち着き，といった複数の下位次元からなるとされてきた。そこで本調査では，数ある尺度のうち，「仕事について，ほとんど意味がないと感じることがある（有意味感に関連）」，「仕事をしていて，集中力や自制心を保てなくなることがある（統制感に関連）」，「仕事をしていて，気持ちや考えが混乱することがある（落ち着きに関連）」という3つの質問項目（5点尺度）を設けた。これらは元来首尾一貫感覚の逆転尺度であるが，これらをそのまま用いることで，首尾一貫感覚がない状態，つまり，不透明な状況になすすべもなく流されている感覚，すなわち漂流感が可視化できる。また，就活生が調査対象であるため，もともとの質問における「仕事」を「就職活動」

表 5 -18 ｜ 就活生の心理状態

変数名	概要	21卒 (n=302)		20卒 (n=315)	
		平均	標準偏差	平均	標準偏差
充実感	最小値は 1，最大値は 5	2.85	1.142	2.81	1.071
漂流感		3.21	1.033	3.17	0.986

に置き換えた。

　就職活動における充実感と漂流感を，3つの尺度を単純平均して導出した[13]。集計結果によると，21卒においても20卒においても，充実感は理論的な中位数である3を下回っており，また，漂流感は3を上回っていた（**表 5 -18**）。就活生は，就職活動に対して充実感を持ちにくく，漂流感を持ちやすい。21卒と20卒で大きな差がなかった点は極めて示唆深い。コロナ禍があろうがなかろうが，就職活動は多くの就活生の気を滅入らせるものなのである。

　就活生が就職活動中にどういう事柄を懸念していたかを調べると，21卒と20卒が置かれた状況の違いが明らかになる（**表 5 -19**）[14]。まず，21卒は，コロナ禍により就職活動がオンライン化する中，企業ではなく自分自身が対応できなくなる可能性をより懸念していた（0.1％水準）。選考スケジュールの中断や延期，採用中止など，オンライン面接以外のコロナ関連の影響についても，より懸念された（0.1％水準）[15]。また，就職活動のオンライン化により，特に首都圏以外の就活生の多くにとって懸念されてきた就職活動に伴う交通費や宿泊費などへの負担感を知覚する者は，21卒においてはより少なくなった（5％水準）。コロナ禍に伴って採用のあり方が大きく変化し，その影響を多くの就活生が被ったにもかかわらず，内定獲得への不安は，21卒と20卒の間で統計的な有意差はない。コロナ禍が生じる前から，就活生の多くが内定獲得への不安を抱えながら就職活動を行っていたのである。

　これらの懸念事項のうち，いずれが就活生（21卒および20卒）の充実感や漂流感を促すか，あるいは抑制するかについて，重回帰分析（通常最小二乗法）によって確認した（**表 5 -20**）。

　まず，オンライン面接以外のコロナ関係の影響，業界や企業に関する情報不足を気に掛ける就活生ほど充実感を向上させた。こうした就活生は，自らの懸念を

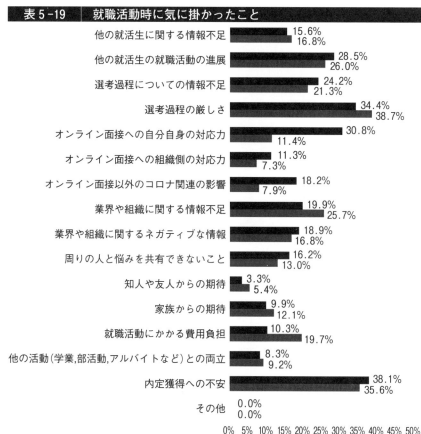

表5-19 就職活動時に気に掛かったこと

他の就活生に関する情報不足 15.6% 16.8%
他の就活生の就職活動の進展 28.5% 26.0%
選考過程についての情報不足 24.2% 21.3%
選考過程の厳しさ 34.4% 38.7%
オンライン面接への自分自身の対応力 30.8% 11.4%
オンライン面接への組織側の対応力 11.3% 7.3%
オンライン面接以外のコロナ関連の影響 18.2% 7.9%
業界や組織に関する情報不足 19.9% 25.7%
業界や組織に関するネガティブな情報 18.9% 16.8%
周りの人と悩みを共有できないこと 16.2% 13.0%
知人や友人からの期待 3.3% 5.4%
家族からの期待 9.9% 12.1%
就職活動にかかる費用負担 10.3% 19.7%
他の活動(学業,部活動,アルバイトなど)との両立 8.3% 9.2%
内定獲得への不安 38.1% 35.6%
その他 0.0% 0.0%

0% 5% 10% 15% 20% 25% 30% 35% 40% 45% 50%

■21卒 ■20卒

踏まえてそれなりの情報収集を行っていたのだろう。経営, 経済, 社会全般といった幅広い事象への関心を持つことの意義が確認された。また, 知人や友人とは異なり, 家族が就活生に関与することは, 就活生にとっての「健全なプレッシャー」とはならず, 彼らを抑圧していた。

他の就活生に関する情報不足, 彼らの就職活動の進展を懸念する就活生ほど, 強い漂流感を持っていた。周囲の動向を気にしすぎない心の持ちようが必要となる。21卒でも20卒でも, オンライン面接については, 企業の対応力よりも自らの対応力に懸念が示される傾向があった。しかし, 就活生の漂流感への影響につ

表5-20	就職活動時に気に掛かったことが心理状態に与える影響		
		充実感	漂流感
他の就活生に関する情報不足		-*	+***
他の就活生の就職活動の進展			+*
選考過程についての情報不足			
選考過程の厳しさ			+***
オンライン面接への自分自身の対応力			
オンライン面接への組織側の対応力			+*
オンライン面接以外のコロナ関連の影響		+**	+*
業界や組織に関する情報不足		+*	
業界や組織に関するネガティブな情報			
周りの人と悩みを共有できないこと			+**
知人や友人からの期待		+*	
家族からの期待		-***	+*
就職活動に掛かる費用負担			
他の活動(学業, 部活動, アルバイトなど)との両立			
内定獲得への不安		-***	

備考1：サンプルサイズは617（21卒と20卒の合計）。
備考2：＋は統計的に有意な正の相関，－は統計的に有意な負の相関を表す。
備考3：＊＊＊は0.1％水準，＊＊は1％水準，＊は5％水準での有意性。

いては，企業対応力の方が作用していた。就活生自身の力ではどうしようもない要因であることが関係していたのだろう。他の就活生や家族など，周囲の人々の影響も改めて確認できた。就活活動に対応した人間関係のあり方を，就活生本人も周囲も模索してゆかなければならない。オンライン面接以外のコロナ禍の影響が，就活生の充実感のみならず漂流感を高めることは，昨今の就活生が抱え込む相反的な感情（emotional ambivalence）の存在を想起させる。相反的な感情は，本人にとっての負担感を伴うものだが，創造性の源泉でもあることが，先行研究では示されてきた（Fong, 2006; Kaufman, 2015）。

就職活動中のストレスの解消法[16]についても確認した（表5-21）。21卒と20卒で共通して多く挙げられたのが，趣味の活動，休息，アルバイトであった。就職活動に伴うストレスを就職活動に没頭することで解消するという「強者」も少な

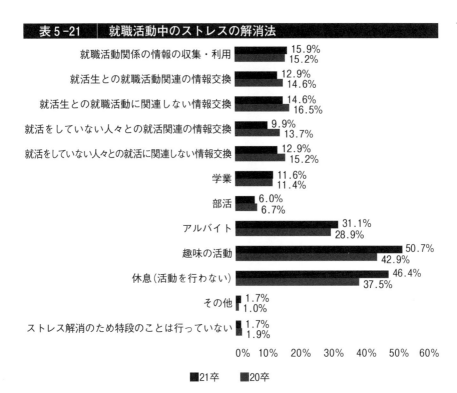

表5-21 就職活動中のストレスの解消法

いが存在した。休息に頼る程度は，21卒でより顕著であった（5％水準）。オンライン化により就職活動を自宅で行うケースが増え，生活上のメリハリはつきにくくなっていたのであろう。就職活動から自らを切り離す，より本格的な手法が求められているのかもしれない。

8．就職活動の終了

　就職活動の成果としての内定について，昨今の就活生は，大学あるいは大学院の最終年次に入ってからしばらく経って得ることが多い。ただし，それ以前に内定を獲得し，場合によっては就職活動を終了させる者もいる。また，他の就活生

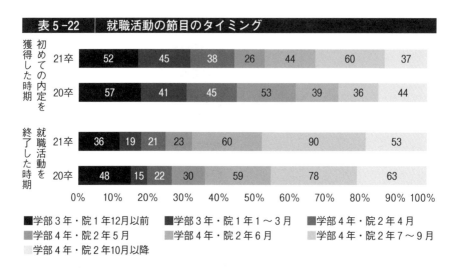

表5-22　就職活動の節目のタイミング

獲得した時期を初めての内定を

		学部3年・院1年12月以前	学部3年・院1年1〜3月	学部4年・院2年4月	学部4年・院2年5月	学部4年・院2年6月	学部4年・院2年7〜9月	学部4年・院2年10月以降
獲得した時期を初めての内定を	21卒	52	45	38	26	44	60	37
	20卒	57	41	45	53	39	36	44
終了した時期就職活動を	21卒	36	19	21	23	60	90	53
	20卒	48	15	22	30	59	78	63

0%　10%　20%　30%　40%　50%　60%　70%　80%　90% 100%

■学部3年・院1年12月以前　■学部3年・院1年1〜3月　■学部4年・院2年4月
■学部4年・院2年5月　■学部4年・院2年6月　■学部4年・院2年7〜9月
■学部4年・院2年10月以降

に内定獲得時期の面で遅れをとり，最終年次の夏，秋，あるいは冬に就職活動を行う者もいる。就職活動が終了する時期には，かなりのばらつきがある。コロナ禍により，内定獲得や就職活動終了の時期が例年より遅れているという報告も多い。

　我々が行った調査結果によると，21卒でも20卒でも，およそ3割が最終年次に入る前の時点で初めての内定を獲得し，およそ2割が最終年次に入る前の時点で就職活動を終了させていた（**表5-22**）。この時点では，コロナ禍に伴う企業側の採用活動の変更の大きな影響は見られない。最終年次の4月についても同様である。企業が就活生に4月に内定を通知するということは，面接も含めた採用プロセスの多くがそれまでに終了していることを意味している。2020年の2月や3月は緊急事態宣言が発令される前であり，コロナ禍から採用活動への影響はそれほど大きなものではなかったのだろう。

　内定獲得という面におけるコロナ禍の影響は，2020年5月に現れ始める。緊急事態宣言が発令された4月に多くの採用活動が停止したことの現れだろう。最終年次の5月や6月の時点で就職活動を終わらせる21卒は，20卒と比べて少なかった。ただ，こうした差は夏の間に解消される。最終年次の10月になっても内定を取得していない，あるいは就職活動を終わらせていない者の比率は，21卒と20卒でほぼ同じであった。

表5-23 就職活動終了時点の心理状態

変数名	概要	21卒 (n=337) 平均	標準偏差		20卒 (n=333) 平均	標準偏差
就職活動に対して総じて満足していた		3.70	1.095	>**	3.42	1.146
就職活動の前と比べ，自身のキャリアについての理解が深まった		3.90	0.913	>***	3.54	1.065
就職活動の前と比べ，組織や働くことへの理解が深まった		3.93	0.908	>***	3.61	1.057
一連の就職活動に対する達成感があった		3.75	1.103	>***	3.42	1.154
就職先が見つかったということでの安心感が大きかった	1＝そう思わない〜5＝そう思う	4.25	0.951	>***	3.94	0.986
就職活動を通じて自分の能力に対する自信が深まった		3.51	1.065	>**	3.25	1.122
就職した後のことについての不安感があった		3.61	1.078		3.61	1.036
自分に内定を出してくれた組織の期待に十分に応えたいと思った		4.06	0.907	>***	3.57	1.024
内定先組織で極力長く働きたいと思った		3.83	1.079	>***	3.46	1.089
就職した後も仕事に繋がる学習を継続したいと思った		3.96	0.937	>***	3.54	1.050

備考：***は0.1％水準，**は1％水準での有意性。

　就職活動を終了した時点での心理状態について，満足感，達成感，不安感，学習意欲など，様々な側面から聞き取りを行った。多くの側面において，21卒は20卒よりも高い数値を示していた（表5-23）。21卒の就職活動は，コロナ禍に大きな影響を受けたものだった。そして，もともと進展の兆しを見せていたオンライン化が一気に進んだ。就職活動に関する過去のノウハウが通用しない状況では，外部から得られる情報は有効であるものの，十分に活用できるとも限らない。最終的には，主体的な試行錯誤が就活生には求められた。こうした就職活動は，就活生にとって，従来と同様に，充実感を持ちにくく，強い漂流感を覚えさせるものであった。ただし，そうした経験を積んだ後の心境は，従来の就活生と比べてポジティブなものとなりがちなのである。

　21卒においても20卒においても，最も水準が高かった項目は，就職先が見つかったことに対する安心感であった。就職活動をめぐる就活生の動機としては，よりよい雇用条件を獲得する，自分らしくいられる場を見つける，といったことが多く指摘される。しかし，就職活動の終了に伴う安心感が他の感情より強く抱かれることは，学生から社会人への転換という「節目」に直面することの就活生にとっての重大さを裏づける。

　達成感や有能感については，21卒と20卒の双方においてそれほど高くなかった。就職活動を進める中で，就活生はエントリーした企業から，採用内定通知や不採用通知を含めた，様々なメッセージを受け取る。もしそこに具体的な理由が示されている場合，就活生はさらなる成長に向けた課題を見つける，自分がより高く評価される場を探す，志向や能力のある側面が優れていることについて確信を深める，といったことを行える。しかし，企業から発せられるメッセージの多くには，フィードバック的要素は含まれない。そのことが，内定獲得以外の側面での就職活動の成果を就活生が確認しにくいことに繋がる。

9．分析から分かったこと

　本章では，20卒との比較を行いながら，コロナ禍での就職活用に臨む就活生がどのようなことを考え，どのような行動を行い，そこから何を得たかについて確認した。

　21卒は，コロナ禍に伴う選考スケジュールの中断や延期，さらには企業側とのオンラインでのコミュニケーションを多く経験することになった。こういった想定外の状況の中でも，内定先企業への入社志望度，あるいは満足感，達成感，貢献意欲なども20卒と比べて高く持っており，相対的に見るとより効果的な就職活動を行えたようだ。21卒のエントリー企業数は20卒と比べてやや減少しているが，コロナ禍の状況下で，積極的な情報収集や内省を行いつつ，慎重な行動をとったことが奏功したと言えよう。

　ただし，21卒の就職活動時の心理状態が，20卒と比べて安定的でポジティブ

だったわけではない。理論的中位数の３と比べ，充実感の平均値は低く，漂流感の平均値が高いのは，21卒と20卒で同様だった。就活生は心理的な負担感の中でも自らの就職活動をある程度達成したと自認しており，その傾向が21卒においてはより顕著なのである。

　就職活動は情報戦である，と言われる。実際，他の就活生を上回る情報を得ようという心掛け，得た情報を精査し，自らの就職活動への臨み方をより適切なものにするよう活かそうとすることが，就活生の就職活動を通じた成長に結びつく傾向が見出された。自明な結論ではあるが，就職活動に安易な近道は存在しないのである。

(1) 本章に関わる調査および執筆は編著者が担当した。調査を行うにあたっては，学生調査メンバーとの意見交換のほか，NPO法人エンカレッジのメンバーによる予備調査の協力を得た。尺度開発のための貢献に謝意を表したい。

(2) 公務員として就職した者の中には，本書の分析対象となる民間企業向けの就職活動を行った者も含まれているだろうが，その識別が行える設問構成になっていない。また，ここで言う「不適格な回答行動」とは，５件法での回答を求める設問が10〜13個存在する４つの設問群のそれぞれにおいて，同じ選択肢を選び続ける，すなわち同一回答を行うことを指す。

(3) 坂爪（2014）によると，上昇志向や挑戦志向については男性が，保証志向については女性が，それぞれより強い。自由志向やバランス志向については，顕著な差が見出されなかった。

(4) 「被説明変数 =a 就職活動年次 +e」と「被説明変数 =a 就職活動年次 +b 性別 +e」という２つの推定式における，係数 a の大きさや有意水準の違いに着目した。e は誤差項を表す。

(5) RU11と称する世界最高水準の研究・教育機関を目指す大学のコンソーシアムに参加するのが，北海道大学，東北大学，筑波大学，東京大学，早稲田大学，慶應義塾大学，東京工業大学，名古屋大学，京都大学，大阪大学，九州大学，の11大学である。また，難関私大を指すものとして，GMARCH（学習院大学，明治大学，青山学院大学，立教大学，中央大学，法政大学），関関同立（関西学院大学，関西大学，同志社大学，立命館大学）というグルーピングがなされることが多い。これらの大学に在籍する学生は，全大学生の10％程度になる。これらの大学と同等以上の入試難易度の大学，医歯薬系の学部を加えると，「難関校」の比率はさらに高まる。

(6) 追加エントリーを行い，かつ追加エントリー理由を有する者が，10項目の中から最大３つを選択できる設問設計を行った。

(7) エントリー予定組織からの撤退を行い，かつエントリー撤退理由を有する者が，10項目の中から最大3つを選択できる設問設計を行った。

(8) 表記していないが，回答者の個人属性を統制するため，性別（男性―女性），卒業／修了年（21卒―20卒），卒業／終了の区分（学部卒―院修了），大学難易度に関する変数（5件法）も分析モデルに投入した。以降，重回帰分析を行う際には，常に同じ措置を行っている。

(9) インターンシップにおける平均値の差の有意性は1％水準にとどまったが，それ以外の段階については0.1％水準であった。なお，「オンラインの経験がある」と答えない学生は，対面のみでの組織との接触を経験しているか，あるいはそもそもこれらの段階を経験せずに就職する。

(10) 本調査では，メンバー数が100名以下の場合には小規模企業，100名以上1,000名未満の場合には中規模企業，1,000名以上の場合には大規模企業としている。

(11) オンライン面接の経験者が，12項目の中から最大3つを選択できる設問設計を行った。

(12) 20項目の中から最大5つを選択できる設問設計を行った。

(13) 充実感と漂流感に関わるそれぞれの設問への回答の間の相関は高く，合成変数は充実感と漂流感それぞれを表していると言える。充実感に関する信頼性統計量（クロンバックの a ）は0.868，漂流感に関するそれは0.833となり，高い内的一貫性を示していた。

(14) 特に懸念点を持たなかった者を除く回答者が，16項目の中から最大4つを選択できる設問設計を行った。

(15) 20卒の7.5％が，オンライン面接以外のコロナ禍の影響を知覚していた。2020年（特に2月）に入っても就職活動を行っていた20卒はそれほど多くないと思われるが，彼らの大半が21卒以上にコロナ禍の影響を恐れた可能性はある。

(16) 特にストレスを感じなかった者を除く回答者が，12項目の中から最大3つを選択できる設問設計を行った。

第 **6** 章　**これからの採用と就職活動**[(1)]

1. 分析結果のまとめ

　本書では，コロナ禍での採用と就職活動の実態について検討してきた。採用と就職活動の両面において，活動主体である企業と就職活動を行う学生（以下，就活生）が目指すもの，つまり「いい採用」，「いい就職活動」についての理解は，コロナ禍の前後で基本的に変化していない。コロナ禍による採用／就職活動のスケジュール変化，そして情報収集やコミュニケーションのオンライン化の中でも，企業と就活生は目標達成のための工夫をそれぞれ行っていた。

　コロナ禍の前も最中も，企業が就活生を判断する基準の第一は，自社との適合性である。「一緒に働けそうか」という採用担当者の判断は，就活生が自社の経営理念や組織文化，仕事への臨み方や仕事の進め方について，就活生が十分に理解および共感しているかどうか，実践できそうかどうか，という点に関わる。特定の地位や職務で高い成果を生み出せるという具体的な見通しではない。企業は，こうした採用基準を満たす就活生を確保するため，「募集 → 選考 → 内定者フォロー」の段階で，4つの機能（引きつけ，選抜，保持，育成）に関する様々な試みを行ってきた。その多くが，就活生の実像を引き出すための，企業側による様々な自己呈示や介入であった。

　オンライン化に伴い企業説明会に従来以上の就活生が参加するようになったが，増加分の多くが「とりあえず」，「なんとなく」の参加によるものであった。曖昧な採用基準を満たす「優秀な」就活生を引きつけ，彼らの実像を可視化するには，単なるオンライン化にとどまらない取り組みが求められる。例えば，企業説明会の最中にチャット等で就活生と1対1のやりとりをすることや，自社の多様な人材や働き方を紹介することは，就活生に自社のことを伝えるため，伝えようという企業側の姿勢を就活生に示し，好感を持ってもらうためには有効であった。オンライン化によって就活生の実像が見えにくくなったという実感を，多くの採用担当者が持っていた。しかし，オンライン化の派生的効果として，業務の効率化により就活生とよりじっくりと向き合えるようになった，見た目の印象などの曖昧な情報に頼らずに就活生を評価できるようになった，という声も調査の中で

は聞かれた。内定者懇親会の事例に見られるように，彼らを採用担当者の活動に巻き込むことで，入社志望度の向上に加え，入社後も見据えた学習行動を促すこともできる。オンライン化の中でも，一連の採用プロセスを通じて就活生／内定者との関係を徐々に構築することは可能である。

　就活生が入社後に企業に求めるものは，ここで挙げきれないほどに多種多様である。就職活動を通じ，彼らは，自らの希望にかなう企業を見つけるため，そうした企業からの採用内定を勝ち取るため，さらには，そうした企業と向き合う「自己」をより深く理解するため，様々な情報を収集し，活用する。情報収集の対象となるのは，雇用条件（就業条件）や経営状況といった表に出やすく，かつ具体的なものから，風通しの良さや仕事の厳しさといった表に出にくく，かつ感覚的なものまで，多岐にわたる。就活生は，こうした情報を入手するために，企業や就活支援事業者による発信，ウェブやSNS，採用担当者や知人とのやりとり，社内施設の訪問などに，就職活動を通じて注力してきた。コロナ禍の前も後も，多様な情報，そして情報源を就活生は重視してきた。情報があってこそ，就活生はその企業が入社するに足るかどうかを判断できる。情報が不足した企業へのエントリーは，不安感の源泉でしかない。

　コロナ禍は，就活生（特に21卒）のこういった情報収集／活用に大きな制約を与えた。就職活動にまつわる一連のプロセスがオンライン化し，社風や社員の人柄，職場の雰囲気などの，表に出にくく，かつ感覚的な，自分自身が当事者や現場に臨まないと得にくい情報へのアクセスが絶たれた。このことが，選考スケジュールの中断や中止と相まって，就活生の大きな不安の元となった。そうした中でも就活生は，企業に関する言語的情報のみならず非言語的情報についても収集し，選考エントリーすべき企業，入社すべき企業を見定めていった。従来よりも参加が容易になった企業説明会で発信される情報，さらには企業説明会の最中や後での採用担当者の言動，選考の中断も含めた企業側の一連の活動に関する就活生への連絡，オンラインでも垣間見られる社員同士の関係性や就活生へのスタンスなどが，判断の基準となった。また，就活生は，特に面接において，非言語的な側面も含めた様々な側面における自己呈示のあり方を工夫していった。総じて言えば，コロナ禍での就職活動に伴う就活生の不安内容を理解し，積極的に寄り添おうとする企業に対し，好意を抱く傾向が見られた。

　就活生を対象としたサーベイ調査からは，21卒が就職活動中に抱く充実感と漂流感の水準は20卒と同等であったものの，就職活動後に感じる自己理解の深まり，有能感，安心感などは，より高いものであることが分かった。例年よりも不確実性が高い状況に対し，21卒が不安を抱きながらも積極的に臨んできたことがうかがえる。また，内定先企業に限って言えば，選考プロセスが進む中で好感度が上昇する傾向は，21卒においてより顕著であった。就活生に対する情報開示など，企業側からの試行錯誤的でありつつも積極的な関与が実はコロナ禍で強まったことが，就活生に好意的に捉えられていたことも推測される。

2．マッチング向上のために

　以下，今後の採用／就職活動のオンライン化が2020年と同等あるいはそれ以上に進みうることを前提に，企業と就活生のマッチング向上のために必要な事柄について検討したい。2020年の経験は，企業と就活生双方の成果と課題を浮き彫りにした。そして，成果と課題は往往にして紙一重である。

◉──2-1　選択肢を加減する

　従来の対面ベースでの採用／就職活動においては，企業と就活生の双方が「出会いたくても出会えない」という事例が多くあった。オンライン化に伴い，企業と就活生が出会うための地理的，金銭的，時間的な制約が弱まり，企業と就活生の双方が適切なマッチングのための選択肢を増やすことができた。採用／就職活動に関する学卒者労働市場は，1つの取引空間というよりは，地理的，金銭的，時間的な条件も含めたいくつかの仕切りによって区分けされてきた。コロナ禍は，こうした仕切りの数を減らし，あるいはより薄いものとし，学卒者労働市場を経済学で言う完全市場に「ある意味で」近づけた。このことが採用や就職活動に関する最終的な意思決定に大きな影響を与えた事例も見出された。
　しかし，「従来想定していなかった地域の学生を採用できた」，「従来想定して

いなかった地域での就職を決めた」といった判断が，マッチングの向上を必ずしも意味するわけではない。つまり，将来の安定的な雇用関係を保証するわけではない。筆者によるインタビュー調査からは，「採用母集団」の拡大に伴い採用担当者の業務負担が増大した事例や，就活生が情報通信機器を駆使しながら複数の企業説明会に同時参加する事例が見出された。これらは，完全市場のメリットを享受できるほどに企業も就活生も合理的ではないことを想起させる。選択肢が増えることで選択の質が向上するとは限らないのである。

　結局，マッチングの向上のためには，企業と就活生の双方が，関わる相手の数を絞り，限られた相手とじっくりとやり取りし，彼ら，さらには彼らと関わる自分自身について手間暇かけて考え，理解することが必要となる。「どういう学生を採用したいのか」，「どういう企業に入社したいのか」ということを従来よりも具体化し，関係性を構築する範囲を予め定め，徐々に絞り込まないと，不要な制約が取り払われたことの便益を享受できなくなる。

　企業説明会あるいはその後の時点で企業と就活生が関わり合えるようにするため，企業説明会から募集／エントリーまでの間に「採用母集団」の量的な絞り込みと質の向上を達成できるような「敷居」を設けることは有効だろう。オンライン上でも非言語的情報も含めた情報のやりとりを企業と就活生が行うためには，「開催し放題」，「参加し放題」の企業説明会は望まれない。全員が「顔出し」をする，何らかの発言をする，といったルールを設けてもいいだろう。企業説明会で企業が発信すべき情報の絞り込みつつ，企業説明会以外の手法での情報発信を，企業説明会と並行して，あるいは先んじて行うべきだろう。

　就活生側も，目の前にある発信機会を活かさず，ただ情報を受け取っているだけでは，企業側との関係構築，そして豊かな情報の授受に支障をきたすことになる。情報戦で主体的に振る舞うため，仮説としてのキャリア・デザインに常に磨きをかけようという意識が求められるだろう。

◉── 2-2　対人関係を構築する

　コロナ禍での採用／就職活動において，企業と就活生は対面での接触の機会を多く失い，人となり，立居振る舞い，雰囲気などの非言語的情報を収集，共有し

づらくなった。多くの企業が，就活生／内定者の自社への興味関心，さらには入社希望が強くなりきれていないこと，より正確には強くなりきれていない可能性を危惧していた。もっとも，企業側においては，「就活生の雰囲気ではなく，話している内容に集中できた」といった採用担当者の声にもあるように，就活生との関係性の変化を否定的に捉えない向きもある。

　社風，社員の人柄，職場の雰囲気を知りにくくなったことへの就活生の不安感は大きかった。企業が公式的に幅広く発信する情報には，こうした非言語的な側面は含まれにくいため，就活生の多くが，不安感の根源にある情報の不足を補うため，就活掲示板やSNSに多くアクセスし，そのことが不安感をさらに大きくさせた。インターネット上で言語化された企業の特徴における非言語的側面の真偽は定かでないためである。就活生の不安感の高まりは，選考エントリーについての判断や，面接などの場での自己呈示のあり方に，否定的な影響を及ぼしうる。就活生が企業，さらには自分自身とじっくりと対峙できるよう，企業としても何らかの支援を検討すべきである。

　関係性の喪失は関係性で補える。本書では，就活生による自社理解の促進，就活生の不安やニーズの察知という2つの目的から，選考中の就活生に対してオンライン面談を行う企業事例を紹介した。こうした支援を受けた就活生は，選考プロセスやエントリー企業そのものへの理解を深めるだけでなく，「企業が自分に寄り添ってくれた」という感覚を持てるようになる。この感覚が，企業への信頼感や，入社志望の強まりに繋がる。また，こうした経験を多くすれば，就活生の就職活動全体への不安感が軽減されるであろう。企業にとっては，こうした支援を通じて就活生についての情報をより多く取得することができ，採用に関する判断をより確信を持って行えるようになる。コミュニケーション上の前提が崩れた時に可能な代替案を積極的に実行すること，必要な関係性を常に絶やさずにいることが求められる。代替案の劣った点ばかりに着目するような消極的な姿勢は，コミュニケーションを行う相手にとって不信の源である。

◉──2-3　オンラインでも非言語的情報を構築する

　コロナ禍でも企業と就活生の関わり合いが可能であることは，オンラインコ

ミュニケーションと非言語的情報の関係について，大きな洞察をもたらす。つまり，採用／就職活動のオンライン化に伴い企業と就活生が非言語的情報の授受をしにくくなったことは，オンラインコミュニケーションの本質的特徴によるものではない，ということである。オンラインコミュニケーションに対して抱く違和感は，往々にして使う側の不慣れやバイアスに起因するものであり，使い方次第で，企業と就活生は，相手に関する非言語的情報を「構築」できる。

オンライン化した採用において，多くの企業が就活生への情報発信や，就活生とのやりとりにおいて，試行錯誤を行っている。就活生は，企業側のこうした取り組みについて，取り組みの質のみならず，取り組んでいることそのものを評価することがある。企業の取り組みを目にすることをきっかけに，誠実性や意気込みといった非言語的情報を想起するのである。そもそも，非言語的情報は，ある人が発したものを別の人がそのまま受け取る，という形では存在しない。「我が社の社風は～」という企業側の発言に対して，「口だけじゃわからない」，「胡散臭い」と就活生が思うことは少なくないだろう。この場合，企業の特徴という非言語的情報は就活生によってつくられ抱かれるのである。

オンライン面接において，一部の就活生が身振り手振りや（PC内の）カメラや光源の位置について工夫している事例が見出された。これは，採用担当者に対して，発言内容などの言語的情報を与えるだけでなく，見た目の良さなどの非言語的情報を想起させようとするものである。見た目や身だしなみのみが，相手が察知し，意思決定の際に用いる非言語的情報ではないが，第三者的な視点から自らの「見え方」を振り返り，工夫すべきだろう。

コミュニケーションにおける対面とオンラインの差は，人々の慣れに伴い，徐々に解消されるのかもしれない。新しいコミュニケーション手法への人々の慣れは，今後の「感染症時代」において，コミュニケーション手法の違いに起因する意思決定の変化，ひいては社会的格差が起きないようにするためにも，必要である。「対面だったから緊張して面接試験に落ちた」，「オンライン面接だと就活生が皆同じに見える」といった不公正は，採用や就職活動に関わる人々の手によって解消されなければならない。

◉── 2-4　非言語的情報を取捨選択する

　採用，特に面接選考においては，第一印象，あるいは見た目や声の大きさなど，求職者の職務遂行能力と直接関連しない可能性が高い要素による影響が指摘されてきた。このことは，対面であろうとオンラインであろうと，変わりがない。企業と就活生の双方がオンラインコミュニケーションに慣れていない場合，対面で生じるバイアスと非対面で生じるバイアスは異なってくる可能性がある。今後，オンラインコミュニケーションへの違和感が解消されるようになると，企業と就活生の双方が，非言語的情報に関する扱いについてより本格的に考える必要が出てくるだろう。

　ここで留意すべきは，非言語的情報が採用あるいは就職活動に対して及ぼす影響は排除できないし，排除すべきでもない，ということである。そもそも，あらゆる言語的情報すら，何らかの「文脈」や「装い」といった非言語的情報とともに発出される。文字情報がどのようなフォントで表現されているか。就活生が発言の中でどのように「間」を挟んでいるか。こうしたことへの着目を避ける場合，企業も就活生も結局相手の特徴，他の就活生や企業と比べた場合の特異性を見落とすことになってしまう。そもそも意識のうえでは非言語的情報への着目を避けたとしても，実際には非言語的情報を取り込んでしまっている可能性があるうえ，「バイアス・フリー」すらも1つのバイアスである。

　結局のところ，企業も就活生も，自らがどのようなバイアスを持っており，それらのバイアスが実際の意思決定にとって，どの程度有意義なのか，どのバイアスを排除すべきかを常に顧慮しなければならない。それぞれが背負うバイアスについて，他者と批判的に確認し合うことも有効だろう。そうすることで，着目に値する非言語的情報とそうでないものの峻別が行える。

◉── 2-5　関係を構造化する

　採用や就職活動がオンライン化し，非言語的情報に頼ったコミュニケーションが難しくなる中，質問や発言の内容を構造化することで，情報の授受がよりス

ムースに，かつ豊かになる，ということが言われる。企業と就活生の慣れによっ
て，オンラインコミュニケーションのこういった特質は徐々に解消する可能性は
ある。また，採用／就職活動におけるコミュニケーションは時間等での制約が多
いため，対面であっても構造化を進めることは有効であろう。しかし，少なくと
も当面は，オンラインコミュニケーションにおける構造化を意識する価値は大き
いだろう。

　ただし，プレゼンテーションや質問の内容を具体的に定めたり，発言の論理性
を意識するだけで，就職／採用活動に従事する企業や就活生にとっての，「相手
のことがよく分かった」という感覚に繋がるとは限らない。そもそも日本の就職
／採用活動におけるコミュニケーションには，構造化をしたくてもしきれないと
いう難点が存在するのである。

　日本においては伝統的に，企業と就活生が相手に対して求めるものは，曖昧で
あり続けた。これは端的には，雇用契約の包括性によるものである。日本以外の
国々では，雇用契約が発生する「前の」段階で，職務内容や貢献期待，それらに
対する対価について企業が明示しており，それに納得できる求職者が募集に対し
てエントリーすることが一般的である。企業は求職者の中から，具体的な職務や
貢献を念頭に置きながら求職者の選考を行い，選ばれた求職者が雇用契約書にサ
インする。こうしたマッチングの方法は，ポストの補充のために社外を活用する
際も社内を活用する際も変わらないし，募集の対象が新卒者であろうが既卒者で
あろうが変わらない。近年の日本の人事業界を席巻する「ジョブ型」は，本来は
こういったマッチングの形式を取るものである。

　ここ数年，新卒採用においても，特定の職種や職務を想定した採用が実施され
ることがある。まだまだ一般的ではなく，具体的な配属先は就活生が内定受諾を
してくれてから考える，という企業も多い。しかし，職種や職務ごとの採用を行
うことにより，採用基準がより明確化するのみならず，就活生の側も特定の職種
や職務を想定したキャリア・デザインや自己呈示を行うようになる可能性がある。
企業と就活生が持ってきた曖昧な判断基準が消えるわけではないが，両者の関係
性をより構造化することで，マッチング向上が見込める。企業と就活生にとって
は作業量の増加に繋がるかもしれないが，それは従来行ってきた「判断先送り」
を適正なタイミングに戻すだけとも解釈できる。

3. 結語

　コロナ禍での採用と就職活動は，多くの側面で企業と就活生にとっての制約となり，彼らの積極性を失わせた。しかし，制約を乗り越える，あるいは機会を見出すための様々な挑戦も行われた。そういう意味では，採用と就職活動にとって，2020年は記念碑的な年になったと言える。

　コロナ禍での採用／就職活動における企業と就活生の間の「関わり合えた」という実感は，例年と比べて少ないかもしれない。しかし，サーベイの結果からもある程度裏づけられたが，多くの制約があるからこそ，「分かり合おうとした」ひいては「分かり合えた」という実感はむしろ強くなった可能性はある。もしそうだとしたら，実際に雇用関係が生じた後には，採用／就職活動時の不足を補い合うような関わり合いが，両者の間で生じるだろう。そのことが，両者のみならず，新入社員の周りにいる先輩社員や上司，あるいは新入社員の後輩たる学生に，様々な果実をもたらす可能性があるし，そのことを強く期待したい。

(1) 本章の執筆は，学生調査メンバーからの多くの示唆をもとに，編著者が担当した。

あとがき

　新型コロナウイルス感染症が，私たちの生活様式を大きく変えました。特に，2021年卒として就職活動を行った世代は，就職活動の様式の変化を感じとる場面が大なり小なりあったでしょう。

　私たち江夏ゼミ10期生の７人が「コロナ禍における採用・就職活動」を研究テーマに選んだ理由としては，まさにコロナ禍の就職活動に取り組んだ最初の世代としての当事者意識によるところが大きいです。就職活動が本格化した2020年４月に全国的に緊急事態宣言が出され，未曾有の事態の中で右往左往しました。そんな中で私たちが抱いた様々な不安や葛藤，そして達成を，私たち自身の言葉で世に示すことへの使命感は，この出版活動への大きな原動力となりました。私たちの研究が，「感染症時代」の就活生や，企業の採用担当の方々の参考となれば，このうえない喜びです。

　それと同時に，卒業論文と同等かそれ以上の大学生活の「集大成」を，ゼミナールの仲間と共同してつくり上げることに私たち全員が大きな意義を感じていたことも，このような研究活動を進める大きな支えになりました。コロナ禍ということもあり，基本的にはオンライン上で研究活動は行われましたが，江夏先生を含めた８人で議論を重ねながら納得いく成果物を形にできたことを嬉しく思います。

　就職活動を終えてから大学を卒業するまでの半年余りは，従来の多くの大学４年生にとって自由に羽を伸ばせる日々でした。しかし私たちにとっては，「外出自粛」が呼び掛けられる中，羽を伸ばすことがはばかられる日々でした。だからこそ私たちはこのような研究活動に打ち込み，知的な冒険の旅に没頭できました。学部生でありながらそのよう研究・出版ができたことは僥倖でした。この経験は一生の財産となって，私たちの大学生活の苦楽を思い返すよすがになるでしょう。

　本書を上梓するにあたって，江夏幾多郎先生には多くの指導と支援をいただきました。というより，江夏先生の舵取りに導かれるままに私たちはのびのびと研

究活動ができたと言っても過言ではありません。別の大学に移籍した後も毎週数時間にわたり，ご指導くださった江夏先生に心より御礼申し上げます。大学2年時に江夏ゼミナールの門を叩き，こうして2年間先生のもとで学べたこと，本当に幸せでした。

多くの企業の方々，すでに社会人となっている先輩方，大学の同期や友人がインタビューへの協力を快諾していただけたことにも深く感謝します。皆様のご協力なしでは決して完成しないものでした。拙いインタビューではありましたが，多くの学びを得ることができました。

また，この1年間のみならず，長きにわたって私たちに不自由ない学生生活を送る機会を授けてくれた家族に対しても，精一杯の感謝の気持ちを贈りたいです。

私たち江夏ゼミ10期生は2021年度をもって大学を卒業し，それぞれが新たなキャリアを歩み始めます。3年次に取り組んだ産学連携研究プロジェクトや，4年次のこの研究活動など，2年間のゼミナールを通じて多くの学びを得ることができました。その当時は，つらく，終わりの見えないものと永遠に対峙しているように感じていたこともありました。しかし，今振り返ればあっという間で，楽しい2年間でした。人事管理というテーマのもとで同期と研鑽し合った日々は，これからもずっと忘れることはありません。

藤井風という歌手の『旅路』という曲に，「この宇宙が教室なら　隣同士学びは続く」という歌詞があります。ゼミという形としての活動は一旦終わり，まさに，私たちはそれぞれ別の道を歩み始めますが，これからも，いつだって「隣同士」で学び続けていると信じています。私たちはまだ先の長い旅の途中にいるのだから。

2021年3月

新井亮介
加藤大一
薗田竜弥
髙岡　瞳
福安杏梨
古田優季
渡辺夢芽

参考文献

Antonovsky, A. (1987). *Unraveling the Mystery of Health: How People Manage Stress and Stay Well.* Jossey-bass.

Baltes, B. B., Dickson, M. W., Sherman, M. P., Bauer, C. C., & LaGanke, J. S. (2002). Computer-mediated communication and group decision making: A meta-analysis. *Organizational Behavior and Human Decision Processes*, 87(1), 156-179.

Bridges, W. (1980). *Transitions: Making sense of Life's Change.* Addison Wesley. (倉光修・小林哲郎 訳『トランジション』創元社, 1994年)

Chapman, D., and Rowe, P. (2002). The influence of videoconference technology and interview structure on the recruiting function of the employment interview: A field experiment. *International Journal of Selection and Assessment*, 10(3), 185-197.

Ferran, C. & Watts, S. (2008). Videoconferencing in the field: A heuristic processing Model. *Management Science*, 54(9), 1565-1578.

Fong, C. (2006). The effects of emotional ambivalence on creativity. *Academy of Management Journal*, 49(5), 1016-1030.

Giddens, A. (1990). *The Consequences of Modernity.* Polity Press. (松尾精文・小幡正敏 訳『近代とはいかなる時代か？―モダニティの帰結』而立書房, 1993年)

Glaser, B. G., & Strauss, A. (1967). *The Discovery of Grounded Theory：Strategies for Qualitative Research.* Aldine Publishing. (後藤隆・大出春江・水野節夫 訳『データ対話型理論の発見―調査からいかに理論をうみだすか』新曜社, 1996年)

Gouldner, A. W. (1960). The norm of reciprocity: A preliminary statement. *American Sociological Review*, 25(2), 161-178.

Huffcutt, A. I., Conway, J. M., Roth, P. L., & Stone, N. J. (2001). Identification and meta-analytic assessment of psychological constructs measured in employment interviews. *Journal of Applied Psychology*, 86(5), 897-913.

Kariya, T., & Rosenbaum, J. E. (1995). Institutional linkages between education and work as quasi-internal labor markets. *Research in Social Stratification and Mobility*, 14, 101-136.

Kaufman, S. B. (2015). The emotions that make us more creative. HBR.org. (DIAMOND ハーバード・ビジネス・レビュー 訳「創造性にあふれる人の中では，いくつかの感情が複雑に同居している」，2015年)

Konradt, U., Warszta, T., & Ellwar, T. (2013). Fairness perceptions in web-based selection: Impact on applicants' pursuit intentions, recommendation intentions, and intentions to reapply. *International Journal of Selection and Assessment*, 21(2), 155-169.

Lievens, F., & Harris, M. M. (2003). Research on internet recruiting and testing: Current status and future directions. In C. L. Cooper, and I. T. Robertson (Eds.) *International Review of Industrial and Organizational Psychology*, 18, 131-165.

Luthans, F., Youssef-Morgan, C. M., & Avolio, B. J. (2015). *Psychological capital and beyond*. Oxford University Press. (開本浩矢・加納郁也・井川浩輔・高階利徳・厨子直之 訳『こころの資本——心理的資本とその展開』中央経済社，2020年)

McCarthy, J. M., Bauer, T. N., Truxillo, D. M., Anderson, N. R., Cristina Costa, A., & Ahmed, A. M. (2017). Applicant Perspectives During Selection: A Review Addressing "So What?" "What's New?" and "Where to Next?." *Journal of Management*, 43(6), 1693-1725.

Mitchell, K. E., Levin, A. S., and Krumboltz, J. D. (1999). Planned happenstance: Constructing unexpected career opportunities. *Journal of Counseling & Development*, 77(2), 115-124.

Rousseau, D. M. (1995) *Psychological Contracts in Organizations: Understanding Written and Unwritten Agreements*. Sage.

Schein, E. A. (1978). *Career Dynamics: Matching Individual and Organizational Needs*. Addison-Wesley. (二村敏子・三善勝代 訳『キャリア・ダイナミクス—キャリアとは，生涯を通しての人間の生き方・表現である。』白桃書房，1991年)

Shimazu, A., Schaufeli, W. B., Kosugi, S., Suzuki, A., Nashiwa, H., Kato, A., Sakamoto, M., Irimajiri, H., Amano, S., Hirohata, K., & Goto, R. (2008). Work engagement in Japan: Validation of the Japanese version of the Utrecht Work Engagement Scale. *Applied Psychology: An International Review*, 57(3), 510-523.

Stone, D., Lukaszewski, K. M., Stone-Romero, E. F., & Johnson, T. L. (2013). Factors affecting the effectiveness and acceptance of electronic selection systems. *Human Resource Management Review*, 23(1), 50-70.

Storck, J. S. (1995). *Oh say, can you see: The Impact of Video Communication on Attention, Workload, and Decision-making*. Unpublished doctoral dissertation, Boston University, Boston.

Super, D. E. (1980). A life-span, Life-space Approach to Career Development. *Journal of Vocational Behavior*, 16(3), 282-298.

Sylva, H., & Mol, S. T. (2009). E-Recruitment: A study into applicant perceptions of and online application system. *International Journal of Selection and Assessment*, 17(3), 311-323.

Wanous, J. P. (1992). *Organizational Entry: Recruitment, Selection, Orientation and Socialization of Newcomers (2 nd edition)*. Addison-Wesley.

Yin, R. K. (2014). *Case Study Research Design and Methods (5 th edition)*. Sage.

今城志保（2016）『採用面接評価の科学―何が評価されているのか』白桃書房。

金井壽宏（2002）『働くひとのためのキャリア・デザイン』PHP新書。

川喜田二郎（1967）『発想法』中公新書。

木下康仁（2003）『グラウンデッド・セオリー・アプローチの実践―質的研究への誘い』弘文堂。

小池和男（2005）『仕事の経済学（第3版）』東洋経済新報社。

坂爪洋美（2014）「大学生のキャリア・オリエンテーションの変化：2004年〜2012年のデータを用いた分析」『和光大学現代人間学部紀要』7，195-214。

佐藤郁哉（1996）「社会科学における定性／定量の区分についての覚え書き」『一橋論叢』115(5)，1021-1038。

佐藤郁哉（2002）『組織と経営について知るための実践フィールドワーク入門』有斐閣。

佐藤博樹（2002）「キャリア形成と能力開発の日米独比較」小池和男・猪木武徳 編『ホワイトカラーの人材形成―日米英独比較』東洋経済新報社，249-268。

菅山真次（2011）『「就社」社会の誕生―ホワイトカラーからブルーカラーへ』名古屋大学出版会。

田口和雄・大島久幸（2019）「戦時期におけるホワイトカラーの給与統制と賃金管理」『高千穂

論叢』54(2)，99-120。

伊達洋駆（2021）『オンライン採用―新時代と自社にフィットした人材の求め方』日本能率協会マネジメントセンター。

ディスコ（2017）「10月1日時点の就職活動調査―キャリタス就活2018学生モニター調査結果」。

ディスコ（2019）「7月1日時点の20卒就職活動調査―キャリタス就活2020学生モニター調査結果」。

ディスコ（2020）「新型コロナウイルス感染拡大による採用活動への影響」。

内閣府（2018）「子供・若者の現状と意識に関する調査（平成29年度版）」。

中村天江（2020）『採用のストラテジー』慶應義塾大学出版会。

日本経済団体連合会（2018）「2018年度 新卒採用に関するアンケート調査結果」。

日本経済団体連合会（2020）「2021年度入社対象 新卒採用活動に関するアンケート結果」。

野村康（2017）『社会科学の考え方―認識論，リサーチデザイン，手法』名古屋大学出版会。

服部泰宏（2016）『採用学』新潮選書。

林祐司（2009）「新卒採用プロセスが内定者意識形成に与える影響―製造業大手A社のデータを用いて」『経営行動科学』22(2)，131-141。

久本憲夫（2010）「正社員の意味と起源」『季刊 政策・経営研究』14(2)，19-40。

平尾智隆（2019）「自然実験によるキャリア教育の効果測定―キャリア教育が大学生のキャリア意識に与える影響」『日本労働研究雑誌』707，79-92。

福井康貴（2016）『歴史のなかの大卒労働市場―就職・採用の経済社会学』勁草書房。

本田由紀（2010）「大学と仕事との接続を問い直す」『学術の動向』15(6)，28-35。

マイナビ（2018a）「就職活動に対する保護者の意識調査」。

マイナビ（2018b）「2018年卒マイナビ企業人材ニーズ調査」。

マイナビ（2019）「2020年卒マイナビ企業新卒内定状況調査」。

マイナビ（2020a）「マイナビ人材ニーズ調査（2019年12月調査）」。

マイナビ（2020b）「ソーシャルリクルーティングを有効に活用するためのポイント」。

マイナビ（2020c）「マイナビ2021年卒学生就職モニター調査 4月の活動状況」。

マイナビ（2020d）「マイナビ2021年企業採用活動調査」。

マイナビ（2020e）「マイナビ2021年卒学生就職モニター調査 7月の活動状況」。

マイナビ（2020f）「2020年度（21年卒版）新卒採用・就職戦線総括」。

マイナビ（2020g）「マイナビ2021年卒企業新卒内定状況調査」。

マイナビ（2021）「マイナビ大学生低学年のキャリア意識調査（2020年12月）」。

溝口侑・溝上慎一（2020）「大学生のキャリア発達とロールモデルタイプの関係―ロールモデル
　　尺度（RMS）の開発の試み」『青年心理学研究』32，17-36。

三好登（2012）「大学生の大企業内定に関する実証的研究―学生の就職活動の影響に着目して」
　　『大学経営政策研究』3，101-115。

村上智章（2017）「ネットリサーチモニタの投票行動は世の中の縮図となり得るか―衆議院選
　　2017を振り返って」。

文部科学省（2019）「令和元年度学校基本調査」。

文部科学省（2020）「令和2年度学校基本調査」。

RECCOO（2018）「2019年卒就活生のインターン意識調査」。

リクルートキャリア（2020a）「就職白書2020」。

リクルートキャリア（2020b）「対面とオンラインの就職活動、学生はどちらを希望する？オン
　　ライン経験の量によって差」。

リクルートワークス研究所（2010）「『新卒採用』の潮流と課題―今後の大卒新卒採用のあり方
　　を検討する」。

主　要　事　項　索　引

執筆者紹介

◆ 編著者

江夏幾多郎（えなつ・いくたろう）

神戸大学経済経営研究所准教授
1979年生まれ。一橋大学商学部卒業。同大学にて博士（商学）取得。名古屋大学大学院経済学研究科を経て2019年より現職。専攻は人的資源管理論，雇用システム論。主著に『人事評価の「曖昧」と「納得」』（NHK出版）など。

◆ 執筆者（五十音順）

学生調査チームメンバー（名古屋大学経済学部2021年卒）

新井亮介（あらい・りょうすけ）：建設業界勤務
加藤大一（かとう・だいち）：コンサルティング業界勤務
薗田竜弥（そのだ・たつや）：大学院進学
髙岡　瞳（たかおか・ひとみ）：電機業界勤務
福安杏梨（ふくやす・あんり）：保険業界勤務
古田優季（ふるた・ゆき）：放送業界勤務
渡辺夢芽（わたなべ・ゆめ）：鉄鋼業界勤務

感染症時代の採用と就職活動
コロナ禍に企業と就活生はどう適応したか

2021年6月10日　初版第1刷発行

編著者　　江夏幾多郎

発行者　　千倉成示
発行所　　株式会社 千倉書房
　　　　　〒104-0031 東京都中央区京橋2-4-12
　　　　　電話 03-3273-3931（代表）
　　　　　https://www.chikura.co.jp/

印刷・製本　精文堂印刷株式会社
造本装丁　　米谷豪

©ENATSU Ikutaro 2021　Printed in Japan〈検印省略〉
ISBN 978-4-8051-1231-1 C3034

乱丁・落丁本はお取り替えいたします